Herderbücherei

Band 1761

Über das Buch

Symbole sind Schlüssel zur tieferen, verborgenen Schicht der Lebenswirklichkeit, die dem Sichtbaren und Vordergründigen zugrunde liegt. Als erfahrener Vermittler religiöser Grundvollzüge ist Otto Betz immer wieder auf die zentrale Bedeutung des symbolischen und bildhaften Verstehens gestoßen, wenn es um die Erschließung religiöser Glaubens- und Sinngehalte geht.
In diesem Buch legt er so etwas wie einen praktischen Grundkurs der Symbolsprache vor – eine Art Partitur, die die Lebensweisheit der Schöpfung und der Glaubenswelt für heute neu zum Klingen bringt. Da geht es um elementare Symbole der Natur sowie um die Symboltiefe und Botschaft christlicher Glaubenswahrheit wie etwa: Verkündigung, Geburt, Abendmahl, Fußwaschung, Kreuz, Auferstehung, Pfingsten.
Alle Sinne zu öffnen, sie als Türen zu nutzen hin zu den tiefen Sinnschichten christlicher Lebensdeutung und Lebenspraxis – das ist Intention dieses Buches.

Über den Autor

Dr. Otto Betz, geboren 1927; Studium der Philosophie und Theologie, Germanistik und Erziehungswissenschaft; nach längerer Tätigkeit an Berufsschulen Professor für Allgemeine Erziehungswissenschaft und Kathol. Religionspädagogik an der Universität Hamburg 1964–1985. Seine Hauptinteressengebiete liegen im Bereich der Anthropologie, der Symbolkunde und Märchenforschung sowie in der Spiritualität des Alltags. Autor zahlreicher Veröffentlichungen, zuletzt bei Herder: „Vom Zauber der einfachen Dinge – Glücklich sein im Alltag", 1991.

Otto Betz

Elementare Symbole

Zur tieferen Wahrnehmung des Lebens

Herderbücherei

Neuausgabe 1992

Herstellung: Freiburger Graphische Betriebe 1992
Umschlagmotiv: Monika Molnar nach Anregungen
von Sr. Esther Kaufmann; RPA-Verlag, Landshut
ISBN 3-451-08761-8

Inhalt

Annäherung an das Symbol 9

Entfaltung der Symbolfähigkeit 15

Die menschlichen Sinne 29
Das Ohr und das Horchen 33
Das Auge und das Schauen 38
Die Nase und das Riechen 43
Der Gaumen und das Schmecken 46
Die Haut und das Getast 49

Die vier Elemente 53
Erde, die uns trägt, Erde, die uns nährt 56
Wasser des Lebens – Wasser des Todes 62
Von der Urkraft des Feuers 68
Luft – Windhauch – Atem – Geist 73

Die Zahl, die Zahlen und das Zählen 79
Die Eins und die Zwei 83
Die Drei und die Vier 86
Fünf, Sechs und Sieben 88
Von Acht bis Zwölf 91
Vierzig, Fünfzig und kein Ende 94

Das Licht und die Farben 97
Die Farbe Rot 101
Die Farbe Blau 104
Das Gelb und das Gold 106
Grün und Grünkraft 109
Schwarz und Weiß 111

Das Kreuzzeichen 115
Die Kreuzgestalt in der Leiberfahrung 119
Das Kreuz – Lebenszeichen und Todeszeichen . . . 122
Das Kreuz – ein Zeichen der Zukunft 124

Einige Hauptmotive christlicher Kunst . . . 127
Adam und Eva 131
Maria 133
Verkündigung 135
Geburt 138
Die Hochzeit zu Kana 141
Verklärung 142
Abendmahl 145
Fußwaschung 147
Kreuzigung 148
Pietà 149
Auferstehung 150
Himmelfahrt 153
Pfingsten 154
Wiederkunft und Jüngstes Gericht 156
Allerheiligen 158
Christophorus 159

Man sollte niemals sagen: ‚nur ein Symbol' – man sollte vielmehr sagen:
‚nichts Geringeres als ein Symbol'
Paul Tillich

Kein Symbol hat echtes Sein im Geiste,
wenn es nicht echtes Sein im Leibe hat.
Martin Buber

Methode zum Verständnis der Bilder, der Symbole usw.: Nicht versuchen, sie auszudeuten, sondern sie so lange betrachten, bis das Licht herausbricht.
Simone Weil

Annäherung an das Symbol

Ist es nicht auffällig, daß viele Menschen eine recht verschwommene Vorstellung von einem Symbol haben? Sie meinen dann, symbolische Rede wäre eine unklare Aussage, vielleicht sogar eine vernebelnde und vertuschende Form des Sprechens. Was nicht direkt und klar ausgedrückt werden kann, das wird ‚durch die Blume' gesagt.

Hier soll es darum gehen, dem Symbol seinen Wert und seine Würde zurückzugeben. Es gibt Sachverhalte, die sich auf direkte und eindeutige Weise gar nicht ausdrücken lassen, wir brauchen dann eine Sprache, die mehr transportiert als nur einen klar faßbaren Sinn, eine Sprache, die aufgeladen werden kann mit einer Bedeutung, die erst vom Hörer oder Betrachter wieder umgesetzt und innerlich verstanden werden muß.

Wenn es um subtile Erfahrungen geht, um tiefe seelische Vorgänge oder um emotionale zwischenmenschliche Geschehnisse, dann sind wir auf symbolische Zeichen und Worte angewiesen, weil wir uns sonst nicht mehr ausdrükken könnten. – Vor allem aber der ganze Bereich religiöser Erfahrung und das Glaubensleben sind ohne die Symbolsprache nicht zu denken. Mit Recht sagt Paul Tillich:

„Die Sprache des Glaubens ist die Sprache des Symbols ... Glaube ... hat keine andere Sprache als die des Symbols. Wenn ich das sage, so erwarte ich die Frage: *Nur* ein Symbol? Wer so fragt, der beweist damit, daß er nichts weiß von dem Unterschied zwischen Zeichen und Symbol und der Macht der Symbolsprache, die an Würde und Kraft die

Macht jeder nichtsymbolischen Sprache überragt. Man sollte niemals sagen: ‚nur ein Symbol' – man sollte vielmehr sagen: ‚nichts Geringeres als ein Symbol'."[1] Erst wenn uns also klargeworden ist, daß die symbolische Ausdrucksweise eine höhere Sprachform ist, keine Verlegenheitslösung, können wir uns auf die Besonderheit dieser Verständigungsmöglichkeit durch das Bild wirklich einlassen.

Ein zweites Mißverständnis muß ausgeräumt werden. Es ist nicht so, als wäre das Symbol nur etwas ‚Geistiges', ein imaginäres Gebilde ohne reales Fundament in der Dingwelt. Alle Symbole sind zunächst einmal in der sinnlich wahrnehmbaren Welt verwurzelt. Auf sehr präzise Weise hat Martin Buber gesagt: „Kein Symbol hat echtes Sein im Geiste, wenn es nicht echtes Sein im Leibe hat."[2] Deshalb müssen wir zunächst einmal unsere Sinne schulen, wenn wir vertraut werden wollen mit den Ausdrucksmitteln des Symbols, müssen die Elemente der Schöpfung zu be-greifen suchen, damit uns auch ihr Verweischarakter auf andere Ebenen und in andere Dimensionen aufleuchtet.

Aber wir sollen nicht nur die Außenwelt berücksichtigen, wenn wir auf der Suche nach Entsprechungen sind, sondern auch unsere eigene Existenz, vor allem unsere leibliche Daseinsform. Unzählige Symbole gehen von der Leiberfahrung aus, man denke an den großen Sprachbereich, der sich um die ‚Hand' versammelt (Handlung, verhandeln, behandeln, unter der Hand, sich in die Hand geben, zu treuen Händen usw.). Vom Kopf bis zum Fuß sind alle unsere Körperglieder auch bedeutungsträchtig, stehen in Verbindung zu einem vielschichtigen Sinngehalt. Es ist naheliegend, daß nur derjenige ein tieferes Verständnis für die vom Körper und seinen Funktionen abgelesenen Bildworte hat, der auch mit seinem Körper vertraut ist, im Leib

---

[1] *Paul Tillich,* Wesen und Wandel des Glaubens, Berlin 1961, 57.

[2] *Martin Buber,* Israel und Palästina. Zur Geschichte einer Idee, München 1968, 20.

zu Hause, der auf die Sprache seines Leibes hört, die Signale beachtet, die ihm von seiner Haut, seinem Magen, seinem Rücken oder seinem Herzen zugeleitet werden.

Schließlich kommen aber noch weitere Dimensionen dazu, wenn wir an unser seelisches Leben denken, an den zwischenmenschlichen Bereich, an Partnerschaft und das Gemeinschaftsleben. Die prägendsten Erfahrungen, die wir im Lauf unseres Lebens machen, ereignen sich in unserer frühen Kindheit. Das beginnt bei unserer vorgeburtlichen Existenz im Mutterschoß, dem Geburtsvorgang, der Erfahrung von Geborgenheit bei Mutter und Vater, den frühen Angsterlebnissen, Hunger und Durst, Rivalität und Selbstbehauptung, das geht weiter mit den beglückenden und erschreckenden Widerfahrnissen (Schuld und Vergebung, Zerwürfnis und Versöhnung), mit den Sehnsüchten nach Begegnung und Liebe. Aber wir hören unser ganzes Leben lang nicht auf, elementare Erfahrungen zu machen – bis zu unserem Sterben.

Offensichtlich sind Symbole dann von besonderer Wichtigkeit, wenn sie in einer Verbindung stehen zu den archetypischen Bildern, die uns vom Unbewußten angeboten werden, um Wachstums- und Reifungskrisen bestehen zu können. Über die Herkunft und Wirkweise der Archetypen hat sich Carl Gustav Jung einmal so geäußert: „Die Bilder sind die Niederschläge der vieltausendjährigen Erfahrungen des Anpassungs- und Daseinskampfes. Alle großen Erlebnisses des Lebens, alle höchsten Spannungen rühren deshalb an den Schutz dieser Bilder und bringen sie zur innern Erscheinung, die als solche bewußt wird, wenn so viel Selbstbesinnung und Fassungskraft vorhanden ist, daß das Individuum auch denkt, was es erlebt, und es nicht bloß tut, das heißt – ohne es zu wissen – den Mythos und das Symbol konkret lebt."[3] C. G. Jung hat die Archetypen

[3] *Carl Gustav Jung,* Psychologische Typen, Zürich 1921, 236.

meist auch nur in symbolischen Annäherungen und mythischen Bildern beschrieben, um zu verhindern, daß man sie sich zu fest fixiert vorstelle und sie zu dinghaft beschreibe. Er vergleicht den Archetyp mit einem alten Stromlauf, „in welchem die Wasser des Lebens lange flossen und sich tief eingegraben haben“[4], ein andermal mit „mächtig wirkenden seelischen Bedingungen“[5]. Immer nimmt er eine Äquivalenz zwischen der Welt innen und der Welt außen an.

Mit den Archetypen haben die Symbole gemeinsam, daß sie eine Ambivalenz haben: Sie zeigen uns das Doppelgesicht der Wirklichkeit, anziehend und abstoßend, tröstlich und ängstigend, hilfreich und bedrohlich. Alle Bilder haben dieses Doppelantlitz, selbst das Bild von der ‚Großen Mutter‘ zeigt uns eine freundlich zugeneigte und nährende Frau, aber auch eine verführerische und sogar eine zerstörende. Sie nährt, sie hilft, sie verschlingt, sie stiftet Vertrauen, und sie macht Angst. Tauchen solche Bilder im Traum oder bei der Imagination auf, dann sind damit Aufgaben im personalen Reifungsvorgang angezeigt. Ein Konflikt muß bewältigt, eine Ablösung gewagt, eine Entscheidung getroffen werden.

Daß wir Symbole meist sofort ‚verstehen‘ oder doch von ihnen getroffen werden, hängt wohl damit zusammen, daß alle Menschen in irgendeiner Weise am Erfahrungsschatz der gesamten Menschheit partizipieren. Es wurde uns ein geheimes Bilderarsenal mitgegeben, das nun in uns ruht, aber bei bestimmten Situationen aufwacht und sich zu Wort meldet. Die Gemeinsamkeit der Bildsprache kommt vor allem in der Ausdrucksweise der Mythen und Märchen zum Vorschein. Große Reisen müssen unternommen werden, Abenteuer sind zu bestehen, das Übermächtige und Verschlingende droht, aber es können auch hilfreiche We-

---

[4] *Ders.*, ‚Wotan‘, Zürich 1936, 18.

[5] *Ders.*, Einführung zu W. M. Kranefeldt, Die Psychoanalyse, Leipzig 1930, 381 f.

sen zur Seite stehen [6]. Eine kämpferische Auseinandersetzung mit den Mächten der Finsternis ist durchzustehen, damit ein Mensch zu seiner wahren Gestalt gelangen kann.

Vor allem dann, wenn wir unsere eigenen Sehnsüchte und Hoffnungen ausdrücken wollen, das Verlangen nach einem Ideal, sind wir auf die vorausgreifenden Symbole der Bildersprache angewiesen: Wir malen uns dann ein Paradies aus, ein Land, wo Milch und Honig fließen, einen Wonnegarten des Friedens und der Liebe. Davon wissen alle Mythen ein Lied zu singen, aber auch in unserem Innern ist dieses Bild angelegt, wir brauchen nur die Augen zu schließen, schon können wir solche Heils- und Hoffnungsbilder rufen. Wir können dort aber auch erfahren, daß im Verschlingenden sich das Wiedergebärende verbergen kann, daß in der Nähe des Gefährlichen das Rettende wohnt, daß sich im Giftigen auch das Heilende versteckt.

Wenn wir darauf zu achten beginnen, dann entdecken wir die symbolischen Elemente überall in unserem Leben. Es sind die Schlüssel zu einem tieferen Verständnis des Daseins, auf die wir nicht mehr verzichten können, wenn es uns um eine glaubwürdige Antwort auf die Urfragen des Daseins geht.

Aber wo kommt nun der Begriff ‚Symbol' eigentlich her? Das griechische Verbum ‚ballo' bedeutet ‚werfen, schleudern, das Ziel treffen, sich in etwas verwickeln, etwas in Bewegung setzen.' Das ‚syn' weist auf eine Verbindung, auf ein Zusammensein hin, auf eine Übereinstimmung.

Das Verb ‚symballo' kann bedeuten: ‚zusammentragen, zusammenbringen, zusammenschließen, versammeln, vereinigen, aber auch zusammenstellen, vergleichen, schlußfolgern, auslegen, erklären'. Es kann dann aber auch gebraucht werden als Ausdruck für ‚einen Vertrag schlie-

---

[6] Vgl. *Otto Betz*, Tausend Tore in die Welt. Märchen als Weggeleit, Freiburg 1985 (vor allem die Einführung: Der geheimnisvolle Weg. Welt und Überwelt im Märchen).

ßen, etwas vereinbaren, Gastfreundschaft stiften'. Das Wort ‚Symbolon' schließlich kann Vertrag, Kontrakt bedeuten, vor allem aber ‚Wahrzeichen, Merkmal, Signal, Vorzeichen, Erkennungszeichen, Beglaubigungszeichen'. Man zerteilte ein Täfelchen, einen gekennzeichneten Würfel oder einen Ring. Brachte nun der Gast, der Richter oder um wen es sich immer handelte, die passende Hälfte mit, so war er beglaubigt und konnte als der Erwartete aufgenommen werden[7].

Immer weist das Symbol über sich hinaus, hat es eine Kunde, eine zeichenhafte Bedeutung, die erst erschlossen werden muß. Getragen werden muß die Symbolsprache von einer Gemeinschaft, die durch dieses Zeichensystem verbunden ist.

Der Gegenbegriff zum ‚Symbol' ist ‚Diabol'. Das Verb ‚diaballo' bedeutet: ‚verklagen, verleumden, schmähen, beschimpfen, auseinanderbringen, entzweien, täuschen, betrügen'. So wird verständlich, daß der Teufel als der Diabolos bezeichnet wird, der Durcheinanderwerfer, Verleumder und falsche Ankläger. Das, was zusammengehört, wird auseinandergerissen, was als Einheit zu begreifen ist, wird aufgespalten und gegenseitig ausgespielt[8]. So kann Manfred Hausmann sagen: „Ein Symbolon ist unter anderm ein Bollwerk gegen die Macht des Diabolos. Und das will etwas heißen."[9]

---

[7] Ich berufe mich hierbei auf ein Referat von *Reinhard Nolte*, das er am 10. April 1986 auf der Tagung der Gesellschaft für Symbolforschung unter dem Titel „Bedeutungsvarianten des Symbolbegriffes" in Kronberg gehalten hat.

[8] Vgl. dazu: *Photina Rech*, Inbild des Kosmos. Eine Symbolik der Schöpfung, Salzburg 1966, 99–102. Ferner: *Hermann Stenger*, Symbole und Diabole. Überlegungen zur Glaubensästhetik, in: Verwirklichung unter den Augen Gottes. Psyche und Gnade, Salzburg 1985, 105–129.

[9] *Manfred Hausmann*, Symbolon, in: Almanach auf das Jahr des Herrn 1958, Hamburg 1957, 15f.

Entfaltung der Symbolfähigkeit

Die entscheidenden Lernvorgänge in unserem Leben ereignen sich unscheinbar und bedürfen keiner ausgefeilten Didaktik. Wir lernen am ersten Tag unseres Lebens das Atmen, ohne in eine Schule gehen zu müssen, das Trinken an der Mutterbrust, ohne angeleitet zu werden. Und bald schon üben sich die Ohren im Horchen, die Augen im Schauen, die Hände im Greifen, die Lippen im Lutschen und Saugen. Und kaum ist ein Jahr vergangen, da werden die ersten Schritte gewagt, die ersten Worte formuliert.

Auch die Symbolik gehört zu der Welt, die entdeckt werden kann, zur Sprache, in die ein Kind hineinwächst. Ist die Sprechweise bei den Menschen, die zur Umwelt des Kindes gehören, bildhaft und symbolgeladen, dann übernimmt das Kind mit großer Selbstverständlichkeit die Redewendungen. Hört das Kind im Laufe der nächsten Jahre Märchen, dann können auch die in ihm angelegten inneren Bilder angeregt werden, und die Phantasie beginnt zu blühen. Es ist erstaunlich, wie schöpferisch Kinder in der Bildung von Metaphern sein können, welche kühnen Bilder ihnen einfallen, wenn sie angeregt werden, sich selbst zu einem Sachverhalt zu artikulieren.

Andererseits muß man zugeben, daß viele Kinder oft genug keine Anregung bekommen, vielleicht auch in einer Umwelt aufwachsen, die ihre Phantasiekräfte lahmlegt, eine Sprache erleben, die ohne Hintergründigkeit und Hallraum ist. Und wenn dann auch noch das Mienenspiel unentfaltet bleibt, die Gesten keine Rolle spielen, also der Körper seine Ausdrucksmöglichkeiten nicht entwickeln kann, dann verkümmern die symbolischen Äußerungsformen.

Es ist also sinnvoll, darüber nachzudenken, auf welche Weise im Menschen seine Fähigkeit, Symbole wahrzunehmen und in sein Leben hineinzunehmen, gefördert werden kann [10]. Das geschieht vielleicht eher indirekt und ‚ganz nebenbei', durch Winke und unscheinbare Gesten, aber auch solche Möglichkeiten müssen gesehen und genutzt werden.

I

Als Teresa von Ávila am 2. Juni 1577 in Toledo begann, auf Geheiß ihres Beichtvaters ihre innersten Erfahrungen aufzuzeichnen, die dann später als „Die innere Burg" Epoche machten, war sie zunächst unsicher, auf welche Weise das unerhörte Erleben in Worte gebracht werden könnte. Große Widerfahrnisse machen ja nicht beredt, sondern lassen eher verstummen. Teresa resignierte nicht, sondern suchte sich eine Sprache der symbolischen Entsprechungen. „Ich muß mich hier eines Gleichnisses bedienen", heißt es immer wieder. „Ich finde keinen anderen Vergleich, der das, was ich ausdrücken möchte, verständlicher machen könnte."

Und was sind es für Bildworte und Vergleiche, denen sie ihre ekstatischen Erfahrungen anvertraut, ihre Visionen

---

[10] Diese Aufgabe wird heute von verschiedenen Seiten aufgegriffen, vgl. *Hubertus Halbfas*, Auf dem Wege zu einer Symboldidaktik, in: Das dritte Auge. Religionsdidaktische Anstöße, Düsseldorf 1982; *Joachim Scharfenberg – Horst Kämpfer*, Mit Symbolen leben. Soziologische, psychologische und religiöse Konfliktbearbeitung, Olten 1980; *Hermann Kirchhoff* (Hrsg.), Ursymbole und ihre Bedeutung für die religiöse Erziehung, München 1982; *Jürgen Heumann*, Symbol – Sprache der Religion, Stuttgart 1983; *Gertrud und Norbert Weidinger*, Gesten, Zeichen und Symbole im Gottesdienst, München 1980.

und Auditionen? Sie weist uns auf die sichtbare Welt hin – und auf die geheimnisvollen Tiefenschichten unserer Seele. „Wir brauchen nicht in den Himmel hinaufzusteigen, noch aus uns selbst hinauszugehen", lautet ihr kühner Hinweis. In der Welt selbst und in der eigenen Tiefe finden wir die geheimnisvollen Bereiche, die auf Gott hin transparent werden können. Alle Fähigkeiten des Auges, der imaginativen Schaukräfte und der übrigen Sinne werden aufgerufen. „Ich möchte euch bitten, euch auszudenken, welchen Anblick diese schöne und strahlende Burg (der Seele) bieten mag, diese orientalische Perle, dieser Baum des Lebens, der inmitten der lebendigen Wasser des Lebens, also in Gott, gepflanzt ist." Die Bilder überschlagen sich bei ihr, eines ist nicht genug, ein anderes muß das erste ergänzen und erweitern, ein drittes bringt weitere Assoziationen ins Spiel.

Als sie die Wonnen der Gottesnähe im Gebet der Ruhe veranschaulichen will, schreibt sie: „Ich finde nichts, was zur Erklärung mancher geistigen Dinge geeigneter wäre als eben das Wasser; ... denn in allen Dingen, die ein so großer, so weiser Gott erschaffen hat, dürfte es wohl viele Geheimnisse geben, aus denen wir Nutzen ziehen können ... Dem (beseligenden) Brunnen quillt es friedvoll und mit größter Ruhe und Sanftmut aus dem tiefsten Inneren unseres eigenen Wesens empor ... Ich habe den Eindruck, daß es etwas ist, das nicht im Herzen entspringt, sondern anderswo, noch weiter innen, wie aus einer Tiefe. Ich nehme an, daß es im Zentrum der Seele sein muß."[11]

Teresas Bilder sind kühn, sie scheut sich nicht, Gott als einen Liebhaber darzustellen, der seine Geliebte in einen Weinkeller führt. Oder er erscheint wie eine Himmelserscheinung. „Denn oftmals, wenn der Betreffende sich dessen gar nicht versieht und sich überhaupt nicht an Gott

---

[11] *Teresa von Ávila,* Die innere Burg (hrsg. von Fritz Vogelsang), Zürich 1979, 67f.

erinnert, erweckt ihn Seine Majestät wie durch den rasch vorüberhuschenden Lichtschweif eines Meteors oder einen Donnerschlag, obwohl kein Schall zu hören ist." Oder sie erfährt Gott als Feuer eines glühenden Kohlenbeckens, von dem „ein Funke heraussprang und in die Seele fiel, so daß sie jenes flammende Feuer in sich fühlte"[12]. Aber die aufflammende Wonne kann auch erlebt werden, „als überwalle sie jählings ein starker Geruch, der durch alle Sinne sich ihr mitteilt"[13].

Wie intensiv muß Teresa gelebt haben, wie wirkmächtig öffnete sie sich der Vielfalt der Dinge, lotete sie die eigenen Tiefen aus, um zu einer ‚geistlichen Sprache' zu finden, die nicht abstrakt und weltfern war, sondern plastisch und anschaulich. Weil „Gott in allen Dingen als gegenwärtige Macht und Wesenheit ist", deshalb müssen wir diese Dinge ernst nehmen. Und unsere Seele ist nicht ein kleinliches Gebilde: „Die Dinge der Seele muß man sich immer in Fülle und Größe denken", deshalb fordert sie ihre Nonnen auf, wie die Bienen zuweilen auszufliegen und die Größe und Majestät Gottes und seiner Schöpfung zu betrachten. Manchmal wundert sie sich auch über die Stumpfheit und Borniertheit ihrer Zeitgenossen, die Scheuklappen an den Augen haben. „Ich sehe Geheimnisse in uns selbst, die mich oft erschreckt haben. Und wieviel mehr wird es geben! Oh, mein Herr und mein Gott, wie groß ist Deine Herrlichkeit! Und wir laufen hier herum wie dumme Hirtenstoffel."[14]

II

Die Pole unserer Erfahrungsfelder sind: Außenwelt und Innenwelt, die reale und beobachtbare Wirklichkeit, das, was

---

[12] Ebd. 118f. [13] Ebd. 122.

[14] Ebd. 68. – In die Welt Teresas und die spanische Mystik führen vorzüglich die Werke von *Erika Lorenz* ein: Teresa von Avila. Licht und Schatten, Schaffhausen 1982; Ich bin ein Weib und obendrein kein gutes, Freiburg ³1985; Der nahe Gott. Im Wort der spanischen Mystik, Freiburg 1985.

unsere Sinne wahrnehmen und unsere Erinnerung speichern kann einerseits, das, was aus dem eigenen Innern aufsteigt auf der anderen Seite. Die beiden Bereiche, die Realität und die Welt der Wünsche und Phantasien, der Gedanken und Ideen, stehen in einem Wechselverhältnis zueinander, in einer fruchtbaren Spannung. Und das Symbol vermittelt zwischen diesen beiden Bereichen. Seine sinnenhaften Zeichen sind aus der realen Welt genommen, aber sie weisen über sich hinaus und geben einer anderen Wirklichkeit Gestalt. „Der innere Mensch wird es inne durch den Dienst des äußern, das innere Ich wird es inne, das Seele-Ich durch das Sinnenwesen des Leibes", hat Augustin in den „Confessiones" gesagt (X 6, 9). Das Gesehene und Gehörte, das Gegriffene und Geschmeckte bietet sich uns an, um auch das noch – andeutend und vorsichtig annähernd – auszudrücken, was sich der sinnenhaften Eindeutigkeit entzieht. Die Dinge selbst müssen ernst genommen und genau betrachtet werden, dann erst erfassen wir ihre verborgene Struktur. Und dann kann die Erkenntnis des Kleinen dazu beitragen, das Große zu betrachten, das Offenbare muß dazu dienen, das Verborgene verstehbar zu machen, vom Bewußten tasten wir uns zum Unbewußten vor, das Weltliche muß dazu herhalten, auch das Göttliche anzudeuten. So steht also das Symbol im Schnittpunkt verschiedener Bereiche, es vermittelt und partizipiert an beiden Ebenen.

Seine besondere Dignität bekommt ein Symbol, wenn es nicht nur ‚für etwas anderes' steht, sondern wenn dieses ‚andere' im Symbol selbst schon gespürt und wahrgenommen werden kann, wenn es ansatzhaft schon darin präsent ist. ‚Brot' ist nicht ein Symbol für die Stillung des Hungers, sondern es kann wirklich sättigen. Aber in diesem Vorgang des Sättigens kommen andere Formen des Hungers zum Vorschein, die auch ein anderes Brot nötig machen, damit er gestillt werden kann.

III

Eine theologische Entfaltung des Symbols ist nur möglich vom Gedanken der Schöpfung her. Das Gefüge der Welt ist von geheimnisvollen Zusammenhängen durchzogen, weil Gott diese Schöpfung gewollt hat, weil sie von einem inneren Sinn durchpulst ist und im Sein gehalten wird. Gott ist zwar nicht identisch mit seiner Schöpfung, aber – so haben es viele mystische Theologen empfunden – er redet und wirkt durch sie. So wird Hildegard von Bingen in ihren Schauungen auf Gottes Anwesenheit in seiner Schöpfung hingewiesen. Sie hört Gottes Stimme:

> „Ich, die höchste und feurige Kraft, habe jedweden Funken von Leben entzündet ... Ich, das feurige Leben göttlicher Wesenheit, zünde hin über die Schönheiten der Fluren, ich leuchte in den Gewässern und brenne in Sonne, Mond und Sternen. Mit jedem Lufthauch, wie mit unsichtbarem Leben, das alles erhält, erwecke ich alles zum Leben. Die Luft lebt im Grünen und Blühen. Die Wasser fließen, als ob sie lebten ... Und so ruhe ich in aller Wirklichkeit verborgen als feurige Kraft. Alles brennt so durch mich, wie der Atem den Menschen unablässig bewegt, gleich der windbewegten Flamme im Feuer ... Allem hauche ich Leben ein ... Denn ich bin das Leben."[15]

Wer so die Schöpfung erfährt, braucht keine ausgefaltete Symbolkunde, auf Schritt und Tritt wird der Schauende auf die Hintergründe der Dinge, auf den Ermöglichungsgrund, aufmerksam. Alles klingt zusammen, verweist aufeinander, trägt zu Deutungen bei, ohne die ein Mensch nicht leben kann.

Nun könnte man sagen, diese Form einer mystischen und transparenten Daseinsdeutung wäre in unserer Zeit gar

---

[15] *Hildegard von Bingen,* Welt und Mensch (De Operatione Dei), Salzburg 1965, 25 f.

nicht mehr möglich. Sind es historische Modelle, die höchstens noch den Theologiegeschichtler interessieren? Im Zeitalter naturwissenschaftlicher Erklärungen, technischer Machbarkeit und Planbarkeit ist da eine diaphane Weltbetrachtung noch möglich? Aber vielleicht bleibt jeder rationale Zugriff immer nur an der Oberfläche hängen, wer weiterfragt und tiefer bohrt, wer hinter die Dinge horcht, vielleicht wird der auch heute noch spirituelle Abenteuer erleben können.

Am 24. August 1953 schrieb Romano Guardini eine Begebenheit in sein Tagebuch, die ihn offensichtlich intensiv beschäftigte:

> „Heute habe ich zum ersten Mal verstanden, was es heißt, alle Dinge sprächen von Gott. Er hat alles und darin jedes Einzelne geschaffen. Er steht hinter jeder Faser Wirklichkeit. Alles ist immerfort durch Ihn. Wer das erfährt, erfährt Ihn in allem. Immer anders, so, wie dieses Blatt ist. Und immer ist es Er. Das haben die Griechen erfahren, als ihnen jedes Ding göttlich war." [16]

Guardini verrät in seiner Notiz nicht, welche Beobachtung oder plötzliche Einsicht ihn zu diesem Verständnis geführt hat. Vielleicht war er auf einem Spaziergang und hat Bäume und Blumen angeschaut, Steine und Gräser, die dahinschießenden Wellen eines Baches. Aber es muß an diesem Tag anders gewesen sein als sonst, wie hätte er sonst schreiben können: „Heute habe ich zum ersten Mal verstanden ..."?

IV

Alle Sinneseindrücke nützen nichts, die optische und akustische und haptische Aufnahme der ganzen Welt haben keine Wirkung, wenn dadurch nicht eine korrespondierende Innenwelt in uns erwacht. Die erste Wohnung in der ‚inneren Burg' Teresas ist der Ort der Selbsterkenntnis

---

[16] *Romano Guardini*, Wahrheit des Denkens und Wahrheit des Tuns, Paderborn 1985^4, 53.

(„denn es ist eine so wichtige Sache, dieses Erkennen unseres eigenen Ichs“ [17]). Das entscheidende Bild Teresas für die menschliche Seele ist die Burg mit vielen Wohnungen, „von denen einige oben gelegen sind, andere unten und wieder andere seitwärts, und daß sie ganz innen, in der Mitte all dieser Wohnungen, die allerwichtigste birgt: jene, wo die tief geheimnisvollen Dinge zwischen Gott und der Seele vor sich gehen“ [18]. Aber der Mensch soll von dieser reichen Wohnung nicht nur wissen, er soll sie auch wirklich durchwohnen. Die Seele soll nicht in einen Winkel gepfercht und eingeengt sein. „Man lasse sie durch all diese Wohnungen wandeln, aufwärts und abwärts und nach den Seiten hin; denn Gott hat ihr eine so große Würde verliehen. Auch dränge man sie nicht dazu, lange Zeit in einem einzigen Gemach zu bleiben, nicht einmal in dem der Selbsterkenntnis.“ [19]

Psychologisch gesprochen, soll der Mensch seine eigene Tiefe mit ihrer Bilderfülle kennenlernen. Es ist immer eine abenteuerliche Entdeckungsreise, wenn man die eigenen unbekannten Landstriche und seelischen Provinzen kennenlernt. Diese Erkundungsreise ist dann wieder die Voraussetzung, daß man auch die Außenwelt auf neue Weise kennenlernt. „Willst du das Unsichtbare auf dem Wege über das Sichtbare suchen, so kannst du es nirgends besser als im Abbilde Gottes, nämlich in dir ... Wie will der, welcher nicht in sich einzutreten versteht, betrachtend über sich emporsteigen?“, so fordert uns Nikolaus von Kues in einer Predigt auf [20]. Die Selbstbeobachtung soll also helfen, etwas vom Schöpfungsgeheimnis kennenzulernen, den ‚Stempelabdruck‘ Gottes. Ohne Selbsterkenntnis gelingt kein Weltverständnis.

---

[17] *Teresa von Ávila,* a. a. O. (s. Anm. 11) 30.

[18] Ebd. 22. [19] Ebd. 30.

[20] *Nikolaus von Kues,* Aller Dinge Einheit ist Gott (hrsg. von Gerd Heinz-Mohr), Zürich 1984, 151.

V

Verständigung zwischen Menschen ist auf Sprache angewiesen, nicht nur auf die Sprache der Worte, sondern auch die der Gesten und Zeichen. Die Worte bleiben die wichtigsten Transportmittel von Einsichten und Nachrichten. Sprechen ist aber ein Übersetzungsvorgang: wenn einem etwas aufgegangen ist, dann möchte er es anderen mitteilen, aber so, daß auch dem anderen ein Licht aufgeht. Es gibt Worte, die Bilder aufblitzen lassen, andere Worte bleiben wirkungslos.

„Wir übersetzen, ohne den Urtext zu haben.
Ich muß gestehen, daß ich in diesem Übersetzen
noch nicht weit fortgeschritten bin.
Ich bin über das Dingwort noch nicht hinaus.
Ich befinde mich in der Lage eines Kindes,
das Baum, Mond, Berg sagt und sich so orientiert"
Günter Eich[20a].

Wenn Sprechen also ein Übersetzungsprozeß ist, dann sind wir angewiesen auf wirklichkeitsgesättigte, auf ‚verwurzelte', auf verläßliche Worte. Haben wir sie? Und wenn wir sie haben, bewirken sie auch beim Hörer das, was wir uns erhofften, wenn wir sie gebraucht haben? Die ‚Grundierung' eines Wortes in der Bilderschicht läßt ihm Kraft zuwachsen. Novalis hoffte, daß sich Worte als „äußre Offenbarung eines inneren Kraftreichs" erweisen sollten. Manchmal gelingt es ja: Worte setzen etwas in Bewegung. Dann sind sie mit Feuer gewürzt. „Wenn's mir im Herzen brennt, dann kann ich sprechen", sagt Bettina von Arnim, „denn dann werf' ich zugleich auch das Feuer ... mit in den Geist, der mir lauscht."[21] Das ist nicht in erster Linie ein rhetorischer Vorgang. Was intensiv erlebt wurde, hat einen

---

[20a] *Günter Eich,* Der Schriftsteller vor der Realität, in: Susanne Müller-Hanpft (Hg.), Über Günter Eich, Frankfurt 1970, 19f.

[21] *Bettina von Arnim,* Meine Seele ist eine leidenschaftliche Tänzerin, Herderbücherei 935, Freiburg 1982, 67.

inneren Klangraum entstehen lassen, starke Bilder haben sich eingestellt, die nun auch in Worten Gestalt gewinnen. Diese Wortfunken können auch im Hörer ein Feuer entzünden.

Wie aber erlernen wir das ABC der urtümlichen Bildsprache? Wir müssen wohl zunächst die Worteflut eindämmen, müssen versuchen, auf die Deutekraft der Worte zu achten, ihr Eigenleben, ihre Benennungsfähigkeit. Eugen Rosenstock-Huessy sah die Wurzel der Sprache in den *Namen:* etwas kann benannt werden, es wird angerufen, in seinem Wesen erfaßt und kommt dadurch in Bewegung. Schon Novalis erkannte: „Jedes Wort ist ein Wort der Beschwörung.'[22] Die Sprache hat dann Kraft, wenn sie etwas evoziert. Adam benennt die Dinge, die Pflanzen und Tiere, aber zunächst muß er sie alle in ihrer Mitte begreifen. Die ‚Namentlichkeit' der Dinge und die Evokationskraft der Sprache müssen uns wieder ins Bewußtsein kommen.

> „Sind wir vielleicht *hier,* um zu sagen: Haus,
> Brücke, Brunnen, Tor, Krug, Obstbaum, Fenster, –
> höchstens: Säule, Turm ... aber zu *sagen,* verstehs,
> oh zu sagen *so,* wie selber die Dinge niemals
> innig meinten zu sein",

so beschwörend drückt es Rilke in seiner 9. Duineser Elegie aus.

VI

Wer kann die Dinge benennen? Der sie wirklich gesehen und betastet hat, gerochen, abgehorcht und geschmeckt. Der noch voll Verwunderung über die Fülle und Kostbarkeit staunen kann und dankbar sein. Heinrich Seuse glaubt, daß ein empfänglicher Mensch von der Betrachtung zum Lobpreis kommt, vom ‚Spekulieren' zum ‚Jubilieren'.

---

[22] *Novalis,* Im Einverständnis mit dem Geheimnis, Herderbücherei 773, Freiburg 1980, 76.

„Denn Jubilieren ist eine Freude, die die Zunge nicht aussprechen kann und die doch Herz und Seele durchgießt!"[23] Der Jubelruf kann wohl mehr ausdrücken als die trockene Benennung, gerät näher an das Geheimnishafte heran. Welterfahrung und Selbsterfahrung scheinen aufeinander bezogen zu sein, in beiden können für den ehrfürchtig Schauenden die Schöpfungsspuren wahrgenommen werden. „Derjenige ist ein Naturliebhaber, dessen innere und äußere Sinne noch wahrhaft übereinstimmen ... Sein Verkehr mit dem Himmel und der Erde wird ein Teil seiner täglichen Nahrung", sagt Emerson[24].

Wenn aber die Vielfalt der Außenwelt entdeckt und verinnerlicht wird (als Teil der täglichen Nahrung, wie Emerson meint), dann kann sich auch alles das, was *in uns* ruht und schlummert, entfalten. Der Baum und das Haus, der Weg und die Blume, das Feuer und das Wasser, sie sind ja auch in unserem inneren Bilderarsenal gespeichert. So korrespondiert die Beobachtung mit offenen Augen der Betrachtung mit geschlossenen Augen. Wer sich eingelassen hat mit der farbigen Dingwelt, der muß sich auch einlassen mit den ihm innerlich vorhandenen Bildern, die durch die Übung der Imagination verlebendigt werden. Die symbolische Vermittlung führt zu einem Brückenschlag zwischen den Welten. Wir bleiben nicht bei der unreflektierten Wahrnehmung, sondern können ‚Ein-Sicht' gewinnen, gelangen vom Schauen und Horchen und Ertasten zum Denken und Sprechen. Paul Ricœur sieht in den Symbolen „Knoten von Gegenwärtigkeit", die, „bevor sie zu denken geben, zu sprechen geben"[25], wobei ich nur ergänzen würde, daß sie, bevor sie zu sprechen geben, zu schauen

---

[23] *Heinrich Seuse* in: G. Gieraths (Hrsg.), Abgrund des Lichts, Einsiedeln 1964, 82.
[24] *Ralph Waldo Emerson*, Natur, Zürich 1982, 15.
[25] *Paul Ricœur*, Symbolik des Bösen. Phänomenologie der Schuld II, Freiburg 1971, 18.

und zu schmecken geben! Wer nicht blind und taub und stumm und gefühllos in dieser Welt leben will, ist auf symbolische Verdichtung angewiesen. „Das Symbol öffnet und entdeckt eine Erfahrungsdimension, die ohne das Symbol verriegelt und unerkannt bliebe"[26]. Aber das Symbol ist gewissermaßen nur ein Angebot, das erst dadurch, daß es ergriffen, durchlebt und angeeignet wird, auch zu wirken beginnen kann.

VII

Symbole sind keine frei schwebenden Gebilde, sie stehen in einem Zusammenhang und fügen sich zu Mythen und bedeutungsträchtigen Geschichten. Ein Mythos weist auf die Vergangenheit, auf Geschehnisse der Ursprungszeit. Wird er weitererzählt, dann kann er zu einem Hilfsmittel werden, die Gegenwart und die heraufkommende Zukunft besser zu begreifen. Die prägenden Elemente der mythischen Erzählung sind symbolische Bilder, die wir deshalb verstehen können, weil im Hallraum unserer Tiefenseele etwas darauf antwortet. Wir hören die ‚alten' Geschichten, verbinden sie mit eigenen Erfahrungen und Widerfahrnissen, so entdecken wir uns selbst in den Überlieferungen und bekommen ein Angebot, wie wir das Künftige meistern. „Alles Alte unseres Unbewußten meint Kommendes", sagt C. G. Jung[27].

Viele altüberkommenen Mythen, Märchen und Sagen haben nicht nur eine freundliche und heitere Seite, sondern auch eine schreckliche und ängstigende. Da ist von gewaltigen Tieren die Rede, die uns zu verschlingen drohen, da wird betrogen und gemordet, Untreue und Verrat geübt. Aber wir werden mit diesem schrecklichen Geschehen nicht allein gelassen, sondern bekommen auch einen

---

26 Ebd. 190.
27 *Carl Gustaf Jung*, Typologie, Olten 1972.

Schlüssel, der uns hilft, nicht der Verzweiflung zu verfallen. „Die Unterweltsfahrt war ein Jungbrunnen ..., aus dem scheinbaren Tode erwacht neue Fruchtbarkeit."[28] Geschichten sind oft aus der Not geboren, aber sie machen auch Not verstehbar und führen zu einer neuen Ebene des Begreifens. Deshalb dürfen auch die Geschichten nicht verharmlost werden: Das Ängstigende und Schreckliche muß zunächst einmal ausgehalten und benannt werden, damit es auch gebannt werden kann.

Wer also keine Geschichten erzählt bekommt, der wird mit seinen traumatischen Erlebnissen allein gelassen, er bekommt keine Bildangebote, die – im Wechselspiel von Bewußtem und Unbewußtem – das Geahnte, Befürchtete und Erhoffte ausdrücken können. Den Schreckträumen fehlen die korrespondierenden Hoffnungsgeschichten, so daß sich die Angstbilder wuchernd entfalten können. Wenn die ungezügelten – und unverstandenen – Bilder mächtig werden, überfluten sie den Menschen, schüchtern ihn ein und behindern seine Entfaltung, errichten eine diktatorische Herrschaft. Die abgründigen und gefräßigen Abergeister brauchen Gegenspieler, um in ihre Schranken gewiesen zu werden.

Symbole sind kraftgeladene Zeichen, denen die Fähigkeit gleichsam innewohnt, Wege zu weisen, Tore aufzuschließen, Verborgenes offenbar zu machen. Und es gibt Geschichten, die die Deutekraft der Symbole entfalten, sie also nachvollziehbar machen. Der Hörer wird in die Geschichten verstrickt und kann in den Knoten der Erzählung etwas von seinem eigenen Schicksal mit allen Verkettungen wiedererkennen. Und es bleibt zu hoffen, daß von der Geschichte auch ein Funke der Sinnstiftung auf den Hörer überspringt[29].

---

[28] *Ders.*, Symbole der Wandlung, Zürich 1952.
[29] Vgl. *Otto Betz*, Vom Schicksal, das sich wendet. Zehn Märchen von der Freiheit und vom Glück, München 1987.

VIII

Aber nicht nur ins Wort gebrachte Symbole sind uns wichtig, sondern auch die künstlerisch gestalteten, die in Form und Farbe sichtbar geworden sind. Wir haben einen unübersehbaren Schatz tiefer, sinndeutender Zeichen. Wer erst einmal einen Blick dafür bekommen hat, auf welche Weise die Maler und Bildhauer, aber auch die Baumeister symbolische Grundformen darstellen und variieren, kann immerzu neue Entdeckungen machen und Überraschungen erleben. Uns begegnen dort Ordnungsbilder: der Garten, der Kreis, das gefügte Haus, die Burg auf dem Berge, die Krone, der Tempel, das sich öffnende Tor, die Brücke über dem Abgrund, das Labyrinth, das mittezentrierte Mandala, vor allem aber das Kreuz als Schnittpunkt der Dimensionen[30]. Wir haben solche Bilder nötig wie das tägliche Brot. Sie geben Orientierung in den Zeiten der Wirrnis, sie können Perspektiven erschließen, wenn man keinen Weg mehr zu sehen meint.

„Geheimnisse sind Nahrungsmittel", heißt es bei Novalis. In symbolischer Gestalt kommen sie zu uns und stärken uns auf unserer Lebensreise. Aber wir müssen auch unsere leiblichen und geistigen Sinne dafür schärfen, um sie aufnehmen und ‚verdauen' zu können. Dann bereichern sie unser Leben und erschließen uns die größere Wirklichkeit – über alle Grenzen hinweg.

---

[30] Als einführende Literatur seien genannt: *Alfons Rosenberg*, Christliche Bildmeditation, München 1975; Kreuzmeditation, München 1976; *ders.*, Einführung in das Symbolverständnis, Herderbücherei 1033, Freiburg 1984; *Otto Betz*, Der blühende Kreuzbaum, Ulm 1986.

Die menschlichen Sinne

Wer da ein Herz hat,
der werfe das Auge weg,
dann wird er schauen
Hussain al-Halladsch

Mein Herz hat seine eignen fünf Sinne;
diese Sinne meines Herzens erfahren die beiden Welten
Dschalal-Ed-Din Rumi

Wo die Liebe, da ist das Auge.
Gern schauen wir an, was wir lieben
Hugo von St. Viktor

Wir Menschen sind wahrnehmende Wesen, die Offenheit und die Aufnahmebereitschaft zeichnen uns in ganz besonderer Weise aus. Und unsere Sinne haben die Aufgabe, die Außenwelt in uns einzulassen, Information zu übermitteln, Signale und Botschaften weiterzutransportieren. Das Ohr fängt die Klänge und Töne auf, aber erst das Gehirn kann sie zusammenfügen und deuten. Ähnlich ist es mit den optischen Reizen, die das Auge aufnimmt, sie müssen erst zu einem wirklichen Bild ‚gefügt' werden. Allmählich sammeln wir so viel Erfahrungen, daß wir die Kundgaben unserer ‚Botschafter', der Nase, der Geschmacksorgane, unserer tastenden Hände usw. verstehen und deuten können. Es geht nicht um das wahllose Anhäufen von Eindrücken, sondern um die rechte Auswahl und die Durchdringung und Verarbeitung der Signale.

Sicher nicht zu Unrecht spricht man heute häufig von der Überreizung und Überlastung der Sinnesorgane: Wir sind einem Bombardement von Impulsen verschiedenster Art ausgesetzt, so daß wir nur noch die auffälligsten und grellsten registrieren. Dadurch stumpfen aber die Sinne ab und bekommen den Charakter des Unruhigen und Fahrigen.

Aber der Hunger nach intensiver Wahrnehmung bleibt. Vielleicht müssen wir unsere Sinne schulen, damit sie die Fähigkeit der Unterscheidung bekommen und das Schauens- und Hörenswerte vom kuriosen Tand trennen. „So komm! daß wir das Offene schauen", heißt es in einem Gedicht Hölderlins. Wenn wir also nicht nur auf verschlossene Dinge stoßen, sondern das Geschaute, Gehörte, Ertastete sich auftut, wenn es sein verborgenes Geheimnis erkennbar werden läßt, dann erst wird unsere Sinnestätigkeit zu ihrer eigentlichen Würde entbunden.

„Die unendliche Kette der Blicke bricht immer zu neuen Pilgerfahrten auf", hat Cyrus Atabay gesagt. Er fährt aber fort: „Ihr meine Augen, laßt euch nieder im Zelt, das den Traum beherbergt." Sehr schön fängt er damit den doppelten Auftrag ein: Wir schauen und nehmen die Vielfalt in uns auf, nun aber müssen wir das Gesehene ruhen lassen, müssen es im Ruhezelt in eine Verbindung bringen zu den Bildern unserer Träume. Dann erst werden wir sehfähig für das ‚Offene', hörbereit für die heimlicheren Töne, ahnen die weiteren Dimensionen des Daseins.

Von den antiken Götterbildern heißt es im Psalm: „Sie haben einen Mund und reden nicht, Augen und sehen nicht; sie haben Ohren und hören nicht; auch ist kein Hauch in ihrem Mund" (Ps 135, 16 f). Mir fallen bei diesem Vers oft die Menschen ein, die Sinne haben und doch so leben, als hätten sie keine. Weder entwickeln sie einen Sinn für das Schöne, noch können sie sich wirklich einem Genuß hingeben, und von der Diaphanie der Dinge, ihrem Geheimnischarakter, haben sie keine Ahnung. So erwächst aus der Stumpfheit der Sinne ein Vakuum an Sinn.

Der Vorgang der Öffnung der Sinne dauert unser ganzes Leben. Und weil wir damit nie zu Ende kommen, deshalb rufen wir nach einem, der uns Augen und Ohren und die anderen Sinne erschließt. Wenn wir aber unsere partielle Stumpfheit feststellen, können wir auch nach einem Augen- und Ohrenöffner rufen. „Wie soll ein Mensch erfahren, wie nötig er eine Erlösung hat, wenn er selbstsicher meint, er brauche von nichts erlöst zu werden", so hat Carl Gustav Jung gefragt[31]. Wenn wir aber unser Ungenügen erkennen, machen wir uns auf die Suche nach einer neuen Sinngebung.

Es wird heute darüber nachgedacht, ob wir nicht mehr

---

[31] *C. G. Jung,* Gut und Böse in der analytischen Psychologie, in: W. Bitter (Hrsg.), Gut und Böse in der Psychotherapie, Stuttgart 1959, 33.

als fünf Sinne haben. Rudolf Steiner nimmt z.B. einen ‚Wärmesinn' an und einen ‚Gleichgewichtssinn'[32], vielleicht müßten wir auch von einem Zeitsinn sprechen, von einem Raum-Orientierungssinn usw., hier jedoch bleiben wir bei der althergebrachten Fünfzahl, die eben auch am plausibelsten über die Sinnesorgane aufgewiesen werden können, obwohl es tatsächlich an der Zeit ist, die Sinnestätigkeit des Menschen neu zu bestimmen.

Das Ohr und das Horchen

„Musik macht das Herz weich; sie ordnet seine Verworrenheit, löst seine Verkrampftheit und schafft so eine Voraussetzung für das Wirken des Geistes in der Seele, der vorher an ihren hart verschlossenen Pforten vergeblich geklopft hat. Ja, ganz still und ohne Gewalt macht die Musik die Türen der Seele auf", diese erstaunlich hellsichtigen (oder besser: hellhorchenden) Sätze stammen aus einer Skizze von Sophie Scholl, die sie – wahrscheinlich Anfang des Jahres 1942 – sich notiert hat[33]. Mit diesem Ansatz nimmt sie schon den Gedanken der Musiktherapie vorweg: Musik kann Türen öffnen und Verkrampfungen lösen, plötzlich wird ein Mensch ansprechbar, innerlich beweglich, der Geist kann an ihm zu wirken beginnen. In einem später geschriebenen Brief teilt sie weitere Erfahrungen mit Musik mit: Während Beethoven umwühlt und durchpflügt und einen umgeackerten Boden zurückläßt, ist Bach „beinahe schon Samenkorn", weil man „etwas von einer kristallenen

---

[32] *Rudolf Steiner,* Zur Sinneslehre, Stuttgart 1980; vgl. auch *Felix Kayser,* Von der Sinneswahrnehmung zur Kunst, Dornach 1970.

[33] *Hans Scholl – Sophie Scholl,* Briefe und Aufzeichnungen, Frankfurt 1984, 203.

Klarheit, von einer unumstößlichen Ordnung" ahnt[34]. Auch hier wird großer Musik eine ungemein starke Wirkung zugetraut: Neue Dimensionen können erschlossen, eine größere Ordnung erfahren werden. Es können sich Wandlungen vorbereiten, das Ohr wird zum entscheidenden Einfallstor heilsamer Kräfte.

Es mag sein, daß wir dem Ohr und seinen Fähigkeiten zu wenig Aufmerksamkeit gewidmet haben, gegenüber der Bedeutung des Auges schien das Ohr weniger wichtig zu sein. Aber es ist das Ohr, das uns in ganz besonderer Weise zu Gemeinschaftswesen macht: Wir horchen aufeinander, wachsen in die Sprache hinein, lernen, uns selbst auszudrücken und damit den anderen verstehbar zu machen. Und wenn wir sprechen, dann sind es ja nicht einfach Worte, die wir gebrauchen, wir suchen uns eine Klangfarbe, unsere Stimme bekommt ein unverwechselbares Timbre, wir setzen Akzente, das Gesagte wird rhythmisch bewegt. Jeder von uns hat seine eigene Sprachmelodie. Wenn zwei Menschen miteinander sprechen, dann geschieht ein geheimnisvoller Austausch, durch ihre Ohren werden sie intensiv verbunden. Es mag sein, daß sich die Stimme eines Menschen tiefer einprägt und unvergeßlicher wird als sein Gesicht und seine Gestalt. Wenn wir ‚ganz Ohr' sind, dann ist das ein Vorgang intensiver Sammlung.

Wie unsere Augen überanstrengt sind und durch zu viele optische Signale unruhig und nervös werden, so gibt es auch die überlasteten und durch Lärm gequälten Ohren. Ab einer bestimmten Lautstärke empfinden wir Geräusche als peinigend und aggressiv. Das Wort ‚Lärm' hängt mit ‚Alarm' zusammen, und das wieder bedeutet wörtlich: ‚zu den Waffen'. Kein Wunder, daß wir das laute Lärmen als einen Angriff empfinden, gegen den wir uns kaum zur Wehr setzen können.

---

[34] Ebd. 218.

Um so wohltuender erleben wir die Ruhe, wenn sich auch die leisen Töne bemerkbar machen können, wenn die Zwischentöne gehört werden und noch der leiseste Windhauch eine Stimme bekommt, das Rauschen der Blätter und das Gluckern eines Baches. Alles hat ja seine eigene Stimme, aber die zarten Töne können erst vernommen werden, wenn das vorlaute Gelärme zurücktritt. Und weil jeder eine ‚innere Melodie' hat, deshalb ist es so wichtig, daß wir auch in unser Inneres hineinhorchen, um diesen besonderen Klang zu erlauschen.

Wer immerzu in einem Geräuschbrei steckt, der kann sich gar nicht mehr den Klängen öffnen, er muß sich schon aus einem Selbsterhaltungstrieb verschließen. Aber die Unwilligkeit oder Unfähigkeit zu hören führt zu einem Verstummen, zum Verlust der Sprache. Es verwundert nicht, daß unser Wort ‚dumm' mit ‚dumpf', ‚taub' und ‚stumpf', aber auch mit ‚stumm' in Verbindung steht. Wer seine Hörfähigkeit einbüßt, verkümmert in seiner Menschlichkeit.

So nötig uns das Ohr zum Hören ist, der wirkliche Hörvorgang ereignet sich in unserem Herzen und in unserem Geist. Die Töne, Laute und Klänge dringen über das Ohr in uns ein, nun aber werden sie ‚abgehorcht', verstanden, in unser menschliches Gesamt eingeordnet. Die Schallwellen haben Wirkung, bekommen Sinn, werden in Gefühle umgesetzt, lösen Erkenntnisse aus, machen Freude oder Kummer, fordern unsere Zustimmung oder unseren Widerspruch heraus.

Wenn wir mit unserer Sprache ausdrücken wollen, daß unser Sehen eine größere Intensität hat, dann sprechen wir vom ‚Schauen', wenn wir das aufmerksamere Hören verdeutlichen wollen, sprechen wir vom ‚Horchen', nun versammeln wir uns ganz auf diesen Vorgang, um uns einzuhorchen und keinen Ton zu versäumen. Gibt es konzentrierter horchende Menschen als die Besucher eines Meisterkonzerts? Wenn man aber die Gesichter beobachtet, dann kann man erkennen, daß diese Konzentration nicht verkrampft ist, verquält und überanstrengt, sondern gelöst und ‚schwebend'. Der Horchende ist zwar ‚ganz Ohr', es geht aber nicht um ein systematisch verengtes ‚Ab-horchen', sondern um das aufmerksame Offensein für den Anruf der Klänge[35].

Wie anders geht es bei einem ‚Ver-hör' zu. Auch hier wird gehört, aber mit einem einseitig geschärften Gehör: Der Verhörte soll sich in Widersprüche verstricken, soll sich verraten. Es ereignet sich kein Dialog, der Kontrahent wird vielmehr in die Zange genommen, damit man ihn überführen kann.

Was ereignet sich, wenn ich einen Menschen er-höre? Ich lasse sein Wort bei mir eindringen, sein Bitten wird nicht abgewiesen, ich stelle mich ganz auf ihn ein, bin ihm zugewandt und stimme innerlich zu, so daß wir jetzt irgendwie ‚zusammen-gehören', eine Gemeinschaft bilden. Diese Wortverbindungen machen deutlich, wie stark unsere menschlichen Gemeinschaftsformen auf das Ohr bezogen sind, wie sehr die Kommunikation der Sprache und der Hörvorgänge bedarf. Um so verletzender und enttäuschender, wenn das Hin-Hören verweigert wird, wenn sich die Ohren verschließen und meine Worte und Bitten un-erhört bleiben. Allerdings werden wir von so vielen Stimmen angeredet, die verschiedensten akustischen Impulse dringen auf uns ein, daß es gar nicht anders sein kann: wir müssen auswählen, müssen manches über-hören, ohne es in uns einzulassen. Aber es kommt die Situation, da wird von mir die volle Aufmerksamkeit verlangt, hoffentlich bin ich dann bereit, mein Ohr so zu öffnen, daß ich ganz zum Lauschenden und Vernehmenden werde.

„Eigentlich ist mein Leben ein unablässiges ‚Hineinhor-

---

[35] Vgl. dazu: *Joachim-Ernst Berendt*, Das Dritte Ohr. Vom Hören der Welt, Reinbek 1985.

chen' in mich selbst, in andere und in Gott", hat Etty Hillesum, eine holländische Jüdin, 1943 in ihr Tagebuch geschrieben[36]. Sie charakterisiert also das horchende Ohr als das wesentlichste Organ nicht nur in der Wahrnehmung anderer Menschen, sondern auch der Selbstwahrnehmung, ja sogar der Öffnung für Gott. – Sie greift damit einen Gedanken auf, der in der biblischen Tradition fest verankert ist: Gott läßt sich hören, er hat uns ein Ohr eingepflanzt, damit wir für ihn aufmerksam werden können.

„Jeden Morgen weckt er mein Ohr,
damit ich auf ihn höre wie ein Jünger.
Gott, der Herr, hat mir das Ohr geöffnet.
Ich aber wehrte mich nicht und wich nicht zurück"
(Jes 50, 4–5).

Es nützt uns noch nicht, Ohren zu haben, sie müssen auch aufgeschlossen, wirklich hörbereit werden, sie müssen das ‚wahre Wort' unterscheiden können vom aufdringlichen Gerede und leeren Getöse. Jesus fordert zu diesem diskreten Hören auf, wenn er sagt: „Wer Ohren hat zu hören, der höre" (Mt 11, 15), und er freut sich, daß er bei manchen seiner Hörer dieses einfühlsame Horchen feststellen kann: „Selig die Ohren, die hören, was ihr hört" (Mt 13, 16).

Aber in der Bibel wird auch der umgekehrte Vorgang geschildert: die Unfähigkeit von Menschen, sich hörend der Wahrheit zu stellen. Als Stephanus seine Rede hält, da verschließen sich seine Kontrahenten jeder Hörbereitschaft, „sie hielten sich ihre Ohren zu und stürmten gemeinsam auf ihn los", um ihn zu steinigen (Apg 7, 57). Die Versperrung der Ohren verdummt, eine Barrikade gegen die bessere Einsicht wird aufgebaut.

Von Rumi, dem großen persischen Mystiker, wird der Satz überliefert: „Die Musik ist das Knarren der Pforten des

[36] Das denkende Herz. Die Tagebücher von *Etty Hillesum* 1941–1943, Reinbek 1985, 176. Etty Hillesum wurde in Auschwitz umgebracht.

Paradieses." Als ein vorlauter Zuhörer ihm ins Wort fiel und sagte: „Mir gefällt das Knarren von Pforten nicht", antwortete ihm Rumi: „Ich höre die Pforte, die sich auftut, du aber die Pforte, die sich schließt." Das Hinhorchen ist auf die Zwischentöne angewiesen, auf die Andeutungen und Anklänge. Erst wer eine innere Membran hat, eine verborgene Harfe, bei dem kann etwas ins Schwingen geraten, können Saiten erklingen und Akkorde ertönen.

Hildegard von Bingen beginnt einen Lobgesang mit den Worten: „O feuriger Gott Geist! Sei gepriesen! Du dröhnest mit Pauken und tönest mit Harfen[37]". – Sie ist ganz und gar zur Horchenden geworden, so kann sie Gottes Kundgaben auf ganz verschiedene Weise hören, mächtig und stark, aber auch zart und verhalten.

Das Auge und das Schauen

Martin Heidegger hat darauf aufmerksam gemacht, daß ‚Blitz' dasselbe Wort ist wie ‚Blick'. Schaut uns jemand scharf an, dann sendet er gewissermaßen Blitze auf uns. Und wenn wir uns in der Welt umschauen, dann blitzt es aus uns heraus. Manchmal begegnen wir Menschen mit funkelnden Augen, die ersten Blicke, die getauscht werden, können gleich ein Feuer der Sympathie oder gar der Faszination entzünden. Wie stark wirkt doch das Spiel der Augen; mag uns vom Gesicht eines Menschen nichts mehr erinnerlich sein, die Augen schauen uns gleichsam immer noch an.

Novalis nennt das Auge „das Sprachorgan des Gefühls[38]". Alle anderen Gesten und Gebärden empfindet er

---

[37] *Hildegard von Bingen,* Lobgesang zum Herrn des Herzens, in: Joseph Bernhart, Der stumme Jubel, Graz ²1947, 21.
[38] *Novalis,* Im Einverständnis mit dem Geheimnis, Freiburg 1980, 49.

nur als die Konsonanten, die Augen aber als die Vokale des menschlichen Ausdrucks. Deshalb schauen wir einem Menschen in die Augen, wenn er spricht, dadurch bekommen wir Gefühlsakzente zu den Worten, die mehr ausdrükken als die bloßen gesprochenen Sätze.

Mit den Augen haben wir ein geheimnisvolles Organ mitbekommen, das uns die ganze Außenwelt nach innen holt. Die ganze Fülle der vielgestaltigen Welt kann von uns aufgenommen und gespeichert werden. Wie hungrig unsere Augen sind, voller Verlangen öffnen sie sich immer wieder, um Neues aufzunehmen, um sich dem Reizvollen, dem Schönen, dem Abenteuerlichen zuzuwenden. Sogar unser Wort ‚schön' hängt mit ‚schauen' zusammen, weshalb man sagen kann: „Schön ist, was dem Sehen gefällt, was beim Anschauen ins Auge springt, was die glücklichen Augen beseligt ... Was schön ist, ist auch würdig, geschaut zu werden, ist wahrhaft sehens-wert"[39].

Der Vorgang des Sehens ist hochkompliziert, schon im physiologischen Ablauf, noch mehr, wenn wir ihn als einen Erkenntnisprozeß begreifen wollen. Es ist ja nicht damit getan, alle möglichen optischen Informationen zu speichern, die vom Auge ins Denkzentrum geleitet werden. Das ungeordnete Chaos der zusammengewürfelten Eindrücke hilft uns nicht weiter, wenn wir nicht bewerten, ordnen, sichten können. Eindringliches Sehen gelingt uns erst dann, wenn wir Maßstäbe gewinnen, die uns das Zusammengehörige erkennen lassen, die Bedeutung des Gesehenen. Goethe spricht von den ‚Geistesaugen', die nicht bei der Oberfläche hängenbleiben, sondern auch die verborgene Gestalt wahrnehmen. Es gibt offensichtlich eine innere Schau, die die äußere Schau ergänzt und vertieft.

Und weil die bunte Fülle des Sichtbaren jede Faßbarkeit übersteigt, muß das Auge auswählen. Das ‚geschulte Auge'

---

[39] *Heinrich Schipperges,* Welt des Auges, Freiburg 1978, 7.

wird auf manche Phänomene aufmerksam, während es anderes unbeachtet läßt. Nicht alles, was wir betrachtet haben, bleibt uns gegenwärtig, vieles wird vergessen oder rutscht in ein tieferes Stockwerk unserer Seele, um wieder aufzuwachen, wenn wir uns wieder daran erinnern oder durch optische Impulse erneut darauf stoßen. Es gibt aber auch Dinge, die wir nicht sehen *wollen* und die unser Auge deshalb ignoriert. Das kann zu einer regelrechten ‚Blindheit' für Sachverhalte führen, die uns unangenehm sind. Vielleicht gehört es zu den schwierigen Aufgaben unserer ‚Sehschule', die Wirklichkeit nicht einseitig zu betrachten, sie nicht nach unseren Wünschen zurechtzumodeln, sondern sie in ihrer ganzen Ambivalenz stehenzulassen und sie schauend aufzunehmen.

Aufschlußreich ist auch die Gabe des Auges, die verschiedenen Teilstücke zu einem Ganzen zusammenzufügen. Wenn wir eine Landschaft betrachten, sehen wir ja Tausende von Einzelheiten, die sich aber zu einem Gesamteindruck zusammensetzen. Es ist wie bei einem spätimpressionistischen oder pointillistischen Bild, das aus einer Unzahl von verschiedenfarbigen Flecken besteht und vom Auge trotzdem als organisches Ganzes aufgenommen wird. Unser Auge ist ein Künstler in der Fähigkeit dieses Kombinierens und Zusammenfügens. Und wenn wir nur Bruchstücke sehen (z.B. wenn es am Abend dunkel geworden ist und die Details nicht mehr scharf hervortreten), dann fügen wir aus der Erinnerung oder mittels der Phantasie die fehlenden Elemente dazu, damit sich ein Gesamteindruck ergibt.

Überhaupt die Phantasie! Wir schauen ja nicht ausschließlich mit den Augen, sondern entdecken plötzlich Welten, die uns erst zugänglich werden, wenn die Augen geschlossen werden. „Der Weg der Phantasiekraft geht ohne Verzug, ohne Ermüdung", heißt es bei dem scholastischen Anthropologen Urso von Salerno. „Er zieht uns nach Sonnenaufgang und nach Sonnenuntergang, er trägt uns zu den Himmelshöhen und reißt uns bis zu den Tiefen der Hölle." Vielleicht ist es wirklich so, daß wir nur dann die vielen Eindrücke unserer Augen verarbeiten und verdauen können, wenn wir dazwischen immer wieder die Augen schließen und die anderen Bilder heraufkommen lassen, die in uns selbst angelegt sind. „Du mußt alles dahinten lassen und nicht blicken, sondern nur gleichsam die Augen schließen und ein anderes Gesicht statt des alten in dir erwecken", rät uns Plotin.

Wem die Gabe mystischer Schau verliehen wurde, dem taugen seine leiblichen Augen nicht mehr, er möchte tiefer dringen, bis in den Geheimnisgrund. Deshalb kann der arabische Mystiker Hussain al-Halladsch sagen: „Wer da ein Herz hat, der werfe das Auge weg, dann wird er schauen."

Aber wir wollen die Augen nicht schlechtmachen, schließlich sind sie nicht nur unsere treuen Diener und Weggeleiter, sie machen uns auch fröhlich, bereiten uns überwältigende Lustgefühle. Manchmal werden wir von den Sinneseindrücken geradezu überfallen und beseligt. Der Schauende ist auf einem hoffnungsvollen Weg, er hält ‚Aus-schau', weil er noch etwas erwartet. Nicht alles, was wir zu sehen bekommen, ist wirklich sehenswert, aber es gibt so viel, was uns beseligen und innerlich stärken kann. Goethe sagt: „Das Schöne ist ein Urphänomen, das zwar nie selber zur Erscheinung kommt, dessen Abglanz aber in tausend verschiedenen Äußerungen des schaffenden Geistes sichtbar wird und so mannigfaltig und so verschiedenartig ist als die Natur selber."

Es sind vor allem die Gemüts- und Gefühlskräfte, die durch das Schauen angesprochen und verlebendigt werden. Eine Landschaft weckt ein Gefühl der Beheimatung, ein Kunstwerk kann uns neue Dimensionen der Wirklichkeit zugänglich machen, das Gesicht eines Menschen macht ihn mir vertraut. „Wo die Liebe, da ist auch das Auge", hat Hugo von St-Victor gesagt. Das Auge weckt die Liebe, und die Liebe bedient sich des Auges, um sich der Liebe zu vergewissern.

Solange wir leben, so lange lernen wir sehen. An ein Ende kommen wir dabei nicht, denn erst allmählich geht uns auf, wie wenig wir wahrnehmen, wie subjektiv wir auswählen, wie blind wir für viele Sachverhalte bleiben. Nun gut, wir sehen viel, wir können aber nicht sehen, was wir alles nicht schauend aufnehmen. Immerzu überschreiten wir Grenzen, um auch zu dem vorzustoßen, was uns noch nicht zugänglich ist. Wir brauchen jemanden, der unsere Augen öffnet, der das Spektrum der Wahrnehmung erweitert. „Öffne mir die Augen, daß ich sehe", heißt es schon im Alten Testament (Ps 119,18). Und Jesus kommt, um den Blinden das Augenlicht zu schenken. Er sagt zu den Jüngern: „Selig sind die Augen, die sehen, was ihr seht" (vgl. Mt 13,16f). Und er vergleicht das Auge mit dem Licht, es sei das Licht des Leibes (Mt 6,22).

Das Auge will erkennen. Dieser Vorgang ist aber nicht in erster Linie ein intellektueller Vorgang, ein Prozeß des gliedernden Scheidens, des Systematisierens und der Besitznahme. Wer schaut, wirklich schauend in das Gesehene eindringt, der muß mit einem gewissen Respekt Wirklichkeit wahrnehmen, das Gesehene fordert uns Achtung ab, deshalb müssen wir auch immer wieder einen Schritt zurücktreten, um nicht als Aggressor zu erscheinen. Der Vorgang des Schauens stiftet Gemeinsamkeit, deshalb ist er nicht denkbar ohne Liebe.

Wer schaut, möchte auch selbst angeschaut werden. Letztlich geht unsere Sehnsucht dahin, das Gottesgeheimnis zu schauen. Und auch hier ist unsere Zuversicht, daß Gott uns vor seinem ‚Auge' hat.

„Vom hohen Himmel herab schaut der Herr,
sieht er sie alle, die Vielzahl der Menschen,
von seinem hohen Thron schaut er nieder,
auf alles, was wohnt auf der Erde.

Er hat gebildet ihre Herzen,
er sieht vor sich, was sie tun.
Auf jedem einzelnen ruht das Auge des Herrn."
(Ps 33,13–15).

Und weil das Auge zu den größten Kostbarkeiten gehört, die wir hüten und schützen, deshalb bitten wir Gott: „Behüte mich wie einen Augapfel im Auge" (Ps 17,8).

Die Nase und das Riechen

Winzig klein sind die Flimmerhärchen in unserer Nase. Und dennoch arbeiten sie genauer als ein wissenschaftliches Labor, unterscheiden in Windeseile, ob der aufsteigende Duft uns wohlgefällig ist oder ob er als ekelerregend abgewiesen wird. Die aufsteigenden Moleküle werden genau geprüft, und umgehend werden an das Gehirn die entsprechenden Signale weitergegeben. Dann halten wir uns entweder die Nase zu, oder wir öffnen uns begierig den lokkenden Düften. Oft bewirken die verschiedenen Gerüche unmittelbar, daß sich der Gaumen meldet und Appetit signalisiert. Die feinfühlige Riechschleimhaut sorgt auch in vieler Hinsicht für unser Wohlbehagen, die angenehmen und verheißungsvollen Düfte heben unsere Stimmung, ob es nun der Wohlgeruch einer Rose ist oder der würzig-pikante Duft eines Bratens.

Die frühen Geruchserfahrungen in unserer Kindheit haben sich wohl bei jedem von uns festgesetzt, und sie bestimmen uns immer noch. Vielleicht sind die Gerüche überhaupt die nachhaltigsten Erinnerungen, die sich uns in der Kindheit eingeprägt haben. „Es ist viel zu erinnern, wie es viel zu schnuppern gegeben hat", hat Werner Bergengruen gesagt; „jeder Geruch ist die Überschrift eines Lebenskapitels." Und dann erinnert er sich an ganz unterschiedliche Duftspuren, die sich in seine Erinnerung eingegraben haben. „Verwesungshauch und Spitaldünste, Salzgeruch des Seewindes, Geruch frischgeschlagenen Holzes, des Teers, des kräftigen, heilsamen, noch flußfeuchten Kalmus, Geruch von stehendem Wasser, das in der Sonne brütet und sich mit Entengrütze bedeckt hat wie mit einem körnigen grünen Tuch, Geruch nach Moder und nach verstaubten Kisten mit Büchern und mit umschnürten Briefpacken, vergessen auf selten betretenen Dachböden, über denen die Julisonne brennt."[40]

Kommen wir an die Orte unserer Kindheitserinnerungen zurück, dann steigen plötzlich wieder die gleichen Gerüche auf, die wir schon vor langen Zeiten gewahrt hatten, und mit den Düften sind die seltsamsten Gefühle verbunden, Ängste und Seligkeiten und alle Abenteuer einer vergangenen Zeit. „Meine Mutter, der Mimosenbaum, der Kanarienvogel gehören untrennbar und unvergänglich in meinem Gedächtnis zusammen; ich kann keine Mimosenblüte riechen, keinen Kanarienvogel hören, ohne daß meine Mutter aus ihrem Grab – aus meinem Innersten – hervorkommt, um sich mit diesem Duft und mit dem Gesang des Kanarienvogels zu vereinen", hat Nikos Kazantzakis in seinen Lebenserinnerungen geschrieben[41]. „Jeder Mensch hatte, als ich zwei, drei Jahre alt war, einen eigenen Geruch, und bevor ich die Augen hob, ihn anzusehen, erkannte ich ihn an seinem Geruch, Mutter roch anders als Vater, anders jeder Onkel, jede Nachbarin. Und immer liebte ich je nach dem Geruch, oder stieß ich denjenigen ab, dessen Geruch mir nicht zusagte, wenn er mich auf den Arm nahm."[42]

Es gibt also Düfte und Gerüche, die in uns ein Gefühl des Glücks, des Wohlbehagens und des Beheimatetseins her-

---

[40] *Werner Bergengruen*, Die Rittmeisterin, Zürich 1954.
[41] *Nikos Kazantzakis*, Rechenschaft vor El Greco, Reinbek 1980, 26.
[42] Ebd. 34.

vorrufen, andere Düfte beunruhigen uns, wecken den Widerstand oder signalisieren eine Gefahr. Gifte und gefährliche Gase haben ja oft einen penetranten Geruch, so daß man eine Umweltverseuchung zunächst einmal mit den Nasen wahrnehmen kann. Allerdings können wir uns heute darauf nicht mehr blind verlassen, weil z. B. die Radioaktivität weder zu riechen noch zu schmekken ist.

Vermutlich haben die Menschen früherer Jahrhunderte ein sehr viel feineres Gespür gehabt, sie brauchten eine genauere Witterung für herannahende Gefahren. Mit Neid können wir bei manchen Tieren beobachten, wie differenziert eine Nase auch das Verborgene erschnüffeln kann und mit welcher Sicherheit das Bekömmliche vom Unbekömmlichen geschieden wird.

Unsere Nase brauchen wir aber auch in einem übertragenen Sinn: Was im Kommen ist, kann man meistens weder berechnen noch genau bestimmen, aber es gibt Leute, die das wittern, „was in der Luft liegt". Und wer „den richtigen Riecher" hat, der merkt schon eine ganze Weile vor den anderen Menschen, wohin die Reise geht.

Die Sehnsucht nach den Wohlgerüchen treibt uns im Frühling zu den blühenden Wiesen und Obstbäumen, und wenn im Winter keine Blumenpracht zu beschnuppern ist, erfreuen sich die Damen an einem erlesenen Parfum, die Herren an der Blume eines nicht weniger erlesenen Weines. Ohne wohltuende Düfte können wir offenbar nicht leben, ihr Zauber verwandelt unsere Umwelt und umgibt uns mit eigenen Geruchswolken.

Die Bibel erzählt, daß sich selbst Gott am „lieblichen Geruch" eines Brandopfers erfreut (Gen 8, 21), aber bestechen läßt er sich offensichtlich durch wohlgemeinte Opfergaben nicht, denn der Prophet Amos hat einen Spruch auszurichten, der lautet: „Ich kann eure Feiern nicht riechen" (Am 5, 21). Immerhin glaubten die Israeliten, ein Brandopfer hätte einen „beruhigenden Duft“ (Ex 29,18), vermutlich wollten sie den Zorn Gottes damit besänftigen.

Aber der Wunsch nach Wohlgerüchen ist in uns so groß, daß wir uns auch den Himmel wohlriechend vorstellen und voller herrlicher Düfte. Die Hölle kann dann eigentlich nur ein Ort fürchterlichen Gestanks sein. Paulus ist zuversichtlich, daß der Glaubende auch jetzt schon etwas vom wohltuenden Geruch des auferstandenen Christus ausstrahlen müsse. „Gott führt uns im Siegeszug Christi mit und verbreitet durch uns den Duft der Erkenntnis an allen Orten. Wir sind Christi Wohlgeruch, ... Lebensduft, der Leben verheißt“ (2 Kor 2,14 ff).

Vorerst leben wir in einer Welt, die Wohlgerüche ebenso ausstrahlt wie alle möglichen Ekelgerüche. Unsere Hoffnung geht dahin, daß der Verwesungsgeruch nicht das letzte ist, was wir verbreiten. „Die Tatsache, daß wir in Gestank enden und deshalb rasch beseitigt werden müssen, ist nicht eben erbaulich. Auferstehung dagegen wird mit Wohlgeruch assoziiert“, heißt es bei Kurt Marti[43]. Unsere Sehnsucht jedenfalls geht dahin, daß alle irdischen Wohldüfte nur Vorstufen und Ahnungen sind für das, was in keines Menschen Nase gedrungen ist, was aber Gott denen bereitet, die ihn lieben.

Der Gaumen und das Schmecken

Muß sich die Nase mit den Duftwolken begnügen, so dürfen die Zunge und der Gaumen ausdrücklicher genießen. Schon die Zunge ist mit den Geschmacksknospen ausgerü-

[43] *Kurt Marti,* Die fünf Sinne, in Reformatio (Themenheft ‚Leiblichkeit‘) 11/12, 1981, 599–606.

stet und reagiert auf die süßen und sauren Happen, die ihr gereicht werden, unterscheidet das Salzige und das Bittre. Und die tausend Nuancen und feinen Mischungen werden wahrgenommen, unser Geschmack liebt den Wechsel und die behutsame Dosierung, so daß die Köche an kein Ende kommen mit ihren Kreationen und neuen Erfindungen.

Und wirklich gehört das Essen zu unseren beliebtesten Tätigkeiten, genußvoll und mit Hingabe zelebrieren wir – möglichst in froher Gemeinschaft – die festlichen Mahlzeiten und zollen dem Koch hohes Lob, wenn er einfallsreich mit pikanten Kräutern und Essenzen umzugehen versteht.

„Wenn du Kartoffeln oder Spargeln ißt,
schmeckst du den Sand der Felder und den
Wurzelsegen.
des Himmels Hitze und den großen Regen,
die kühlen Wasser und den warmen Mist",

hat Carl Zuckmayer gedichtet; er muß ein begeisterter Esser gewesen sein, denn er spricht von der Lust, „sich mächtig voll zu mästen". Die Eßkultur gehört nicht zu den unwichtigsten Formen menschlicher Lebensart, es ist ein Jammer, wenn ein Mensch ein verkümmertes Geschmacksorgan hat und nur seinen Hunger stillen will, ohne den gestuften Besonderheiten im Geschmack etwas abgewinnen zu können.

„Die Tischzeit ist die merkwürdigste Periode des Tages und vielleicht der Zweck, die Blüte des Tages", hat Novalis ins Tagebuch notiert und eine „echte Bildungslehre des Lebens" in der Reihenfolge der Speisen angedeutet. Im Orient werden wichtige Verträge bei einem Festmahl geschlossen, offenbar soll es zur Haltbarkeit beitragen, daß man miteinander gegessen und getrunken hat. Und auch wir können uns keinen Festtag vorstellen, an dem nicht das Essen einen besonderen Akzent bekommt. Auch wenn sonst Schmalhans Küchenmeister ist, am Feiertag darf nicht gespart werden, weder an Zeit noch an Köstlichkeiten, die in dieser Zeit genossen werden dürfen.

Es ist auffällig, daß wir den Ausdruck ‚Geschmack' auch verwenden für die Unterscheidungsgabe in modischen Dingen, im künstlerischen Bereich und überhaupt in der Lebenswirklichkeit. Wir bedauern dann einen Menschen, der ‚geschmacklos' ist, keine Urteilsfähigkeit hat, auf jeden Kitsch hereinfällt und sich einem ‚allgemeinen Geschmack' anpaßt. Es ist gar nicht so einfach, eine Fähigkeit zu entwikkeln, die das Banale vom Kostbaren sorgsam unterscheidet, das Geschönt-Publikumswirksame vom substantiell Kraftvollen und Wahrhaftigen. – Wenn wir der Sprache und ihrer Klugheit trauen können, dann hat der Geschmack des Gaumens und der Zunge etwas zu tun mit dem Geschmack des Urteils, die Unterscheidungsgabe in den Speisen mit der im Bereich der Kunst.

Wir Menschen sind aufeinander angewiesen und müssen zusammen auskommen. Aber nun erweist es sich, daß wir uns von manchen angezogen fühlen und von anderen abgestoßen. Charakteristischerweise sagen wir vom einen, wir könnten ihn ‚nicht riechen' und er sei ‚ungenießbar', vom anderen, daß wir ihn ‚zum Fressen gern' haben. Auch hier wirken sich offensichtlich unsere Geschmacksorgane aus. Novalis sagt sogar ausdrücklich: „In der Freundschaft ißt man in der Tat von seinem Freunde oder lebt von ihm." Ist nicht auch der Kuß eine Form des Verschmelzens der Münder, so daß der eine den anderen zu schmecken sucht und sich zur Speise gibt?

Der Hunger gehört zu den Grundgegebenheiten menschlicher Existenz. Unser Leib ist auf Speise angewiesen, und weil wir verfeinerte Geschmacksorgane mitbekommen haben, haben wir Verlangen nach wohlschmeckenden Gerichten, die schön anzuschauen sind, verlockend riechen und dann auch noch der Zunge und dem Gaumen schmeicheln: Das Essen soll also ein Fest werden, an dem die Augen ebenso teilnehmen wie die Nase und der Mund – und über den Magen schließlich der ganze Leib.

Ist es nicht tröstlich, daß es Gott selbst ist, der seinem Volk ein Land verspricht, in dem Milch und Honig fließen, der Verheißungen macht, die auf Fülle und Köstlichkeit hinweisen?

„Ich möchte mein Volk nähren mit bestem Weizen
und mit Honig aus dem Felsen sättigen" (Ps 81,17).

Gott will Fruchtbarkeit und Reichtum gewähren: „Schmeckt und seht, wie gut der Herr ist" (Ps 34,9), er will ja die Hungrigen speisen (Ps 146,7). Das ist der Grund, daß wir unsere Geschmacksorgane nicht verachten dürfen, sonst könnten wir auch nicht mehr die Güte und Freundlichkeit Gottes verkosten.

Die Haut und das Getast

Während alle übrigen Sinne in der Kopfregion (vor allem im ‚Gesicht') lokalisiert sind, haben wir einen Sinn mitbekommen, der sich über unseren ganzen Körper hinzieht, überall da, wo wir eine ‚fühlsame' Haut haben. Wir hören nur mit dem Ohr und schauen mit dem Auge, Geruch und Geschmack werden meist als ein gemeinsamer Vorgang erlebt, der in der Mund-Nasen-Zone sich ereignet. Aber die Fühlfähigkeit der Haut, das sensible Getast, ist uns überall da geschenkt, wo wir durch aufnahmefähige Nervenenden in die Lage versetzt werden, Wärme- und Kälteimpulse wahrzunehmen, vor allem aber Kontakte und Berührungen. Hochsensible Bereiche (z. B. die Fingerspitzen) haben pro Quadratzentimeter 200 Nervenenden mitbekommen. Spiralförmige Nervenbahnen geben die Impulse über die Reizleitungen des Körpers weiter, so daß der ganze Körper darauf reagieren kann. Das wohlige Gefühl, wenn wir gestreichelt werden, nimmt nicht nur die betreffende Stelle der Haut, sondern der Körper als Ganzes wahr.

In seiner „Symbolik der menschlichen Gestalt" von 1853 weist Carl Gustav Carus auf die Bedeutung der feinen Hautbildung und auf die motorische Muskulatur hin, wodurch wir zu den feinsten Bewegungen befähigt werden, „denen der Mensch alles verdankt, was er an mechanischen und an Kunstwerken erzeugt ... Was den Nervenreichtum und die Feinheit der Haut an der Hand betrifft, so ruht darauf ihre andere Bedeutung, nämlich die sensible, und diese beiden Faktoren nun sind es, durch welche sie zum schönen und empfindlichsten vielbewegten Sinnesorgan wird, zu einem Sinnesorgan, welches um so mehr als Basis aller übrigen betrachtet werden darf, weil durch dasselbe die Einführung des Bewußtseins in das *räumliche Dasein* recht eigentlich gelingt." Es ist ja nicht nur die feine Unterscheidungsgabe unseres Getasts, daß wir das Harte vom Weichen unterscheiden können, das Rauhe vom Glatten, das Bewegliche vom Starren, wir können ja auch durch Druck und Dehnung, durch Massieren und Kneten usw. die unterschiedlichsten Wirkungen hervorbringen.

Es mag sein, daß wir gerade unsere Tastfähigkeiten nicht besonders ausgebildet haben. So wie manche Menschen keine modulationsfähige Stimme haben, sondern nur ‚bellen' oder lispeln, monoton reden oder raunzen können, so kann auch bei manchen ihr Getast verkümmert geblieben sein. Es gibt in der Kindheit sensible Phasen, in denen Kinder mit Vorliebe Tastexperimente machen: wenn sie jetzt entdecken können, wie Sand durch die Finger rinnt, wie Wasser sich anfühlt, wie behutsam man mit Blumen umgehen muß oder mit Tieren, dann wird sich ein Verhaltensrepertoire einprägen, das auf dem sensibilisierten Getast basiert. Zärtlichkeit setzt die Fähigkeit voraus, sich in andere einfühlen zu können. Gerade das Getast muß uns von einem Menschen ‚erschlossen' werden. „Die ungebildeten oder neurotisch veränderten Sinne der Mutter vermitteln dem Kind eingeengte Pforten zur Welt", sagt deshalb Theodor Seifert[44]. „Nur wer gewärmt und gestreichelt wurde, liebevoll angeschaut und gehört, kann mit vollen Sinnen wachsen und findet eine offene Beziehung zu sich selbst und zum anderen ... Unerfüllte Beziehungen sind die Quelle ungebildeter Sinne."

Es ist nicht nur Wärme und Kälte, Druck, Schmerz, Stich oder Berührung, was wir über das Getast aufnehmen, als wichtiges Signal, als Information, um darauf reagieren zu können, es ist vor allem Zuneigung, Freundlichkeit und Liebe – oder eben Abneigung, Aggressivität und Haß. Und weil wir nur leben können, wenn wir ausreichend menschliche Wärme geschenkt bekamen, deshalb gehört das Verlangen nach Zärtlichkeit, nach dem Körperkontakt und der Hautberührung zu den stärksten Bedürfnissen, die in uns angelegt sind. Letzlich sind wir da unersättlich, wie es Werner Bergengruen in einem Gedicht ausgesprochen hat:

„Ach, wem wußte warmer Herzensschlag,
wem Umarmung je genug zu tun,
Flut und Ebbe wem? Und wer vermag
ohne Wünsche, schwebend auszuruhn?"[45]

Wir sollten einmal darauf achten, wie häufig in den Evangelien von den Körpergesten Jesu die Rede ist. Als ein Aussätziger Jesus um Heilung bittet, da streckte Jesus seine Hand aus, *rührte ihn an* und sagte: „Ich will es, werde rein" (Mt 8,3). Jesus redet nicht nur zu ihm, er geht auf den Mann zu, berührt ihn, geht also eine leibhafte Verbindung mit dem allseits Gemiedenen ein ohne jede Berührungsangst. Dem Blinden berührt er die Augen (Mt 9,29), oder er macht mit Erde und seinem Speichel einen Teig, den er auf die Augen des Blindgeborenen streicht (Joh 9,6). Und als man einen Taubstummen zu ihm bringt, nimmt er ihn abseits vom

---

44 *Theodor Seifert,* Unentwickelte Sinne als Quelle unerfüllter menschlicher Beziehungen, in: Hans Wichmann (Hrsg.), Der Mensch ohne Hand oder Die Zerstörung menschlicher Ganzheit, München 1979, 63.

45 *Werner Bergengruen,* Die heile Welt, Zürich 1952, 119.

Volke, legt ihm seine Finger in die Ohren und berührt seine Zunge mit Speichel. Dann schaut er zum Himmel hinauf, seufzt und sagt zu ihm: „Effata, tu dich auf!" Sogleich öffnen sich seine Ohren und das Band seiner Zunge löst sich (Mk 7,33 ff). – Und als die Mütter ihre Kinder zu ihm bringen, nimmt er die Kinder in seine Arme, herzt und segnet sie und legt ihnen die Hände auf (Mk 10,16). Oft wird davon berichtet, daß Menschen zu ihm kommen und danach begehren, ihn anzurühren (Lk 6,19). Hier kommt noch das spontane Bedürfnis nach körperlicher Nähe und leiblicher Berührung zum Vorschein.

Die Wahrnehmung der Wirklichkeit und die Erkenntnis der Dinge werden uns durch unsere Sinne möglich gemacht. Aber wir wollen nicht nur mit den Augen betrachten und mit den Ohren hinhorchen, wir wollen auch beriechen und schmecken, vor allem aber wollen wir betasten und begreifen. Erst was wirklich befühlt und durch die Berührung aufgenommen wurde, kann dann auch ‚begriffen' werden. Deshalb heißt es im Ersten Johannesbrief, daß nur der bezeugen und verkünden kann, der nicht nur mit Augen gesehen und mit Ohren gehört, sondern auch mit seinen Händen gegriffen hat (1 Joh 1,1).

Die vier Elemente

Wer diese Straße wandert voll Beschwerden,
wird rein durch Feuer, Wasser, Luft und Erden
Zauberflöte

Erde, du meine Mutter und du, mein Ernährer,
der Lufthauch,
Heiliges Feuer, mir Freund, und du, o Bruder, der
Bergstrom,
Und mein Vater, der Äther, ich sage euch allen mit
Ehrfurcht
Freundlichen Dank; mit euch hab ich hinieden gelebt;
Und ich gehe zur andern Welt, euch gerne verlassend.
Lebt wohl, Bruder und Freund, Vater und Mutter, lebt
wohl.
Grabspruch von Karoline von Günderode

Es ist seltsam: obwohl wir selbstverständlich mit der Vielzahl der chemischen Elemente umgehen, die als Grundbestandteile allem Daseienden zugrunde liegen (mittlerweile kennt man 109 Elemente), hat sich die von Empedokles eingeführte Vorstellung, die Welt sei aus vier Elementen aufgebaut, in unserer Vorstellung und in unserem Denken gehalten. Wenn wir uns über die Grundbefindlichkeiten des Daseins klarwerden wollen, dann helfen uns die anschaulichen und symbolgeladenen Grundmuster ‚Feuer, Wasser, Luft und Erde' immer noch am ehesten weiter. Das Festgefügte, das Feucht-Wässrige und Fließende, das Lufthafte, leicht und schwebend, und das Feuerhafte, heiß und verbrennend, das sind Erscheinungsformen in unserer Welt, die uns zum Verständnis des Daseins, aber auch der eigenen Existenz verhelfen können.

Wer der symbolischen Sprache der Dinge nachspüren will, der muß den Elementen nahekommen.

„Wer sie nicht kennte,
Die Elemente,
Ihre Kraft
Und Eigenschaft,
Wäre kein Meister
Über die Geister",

heißt es schon in Goethes Faust.

Unsere Erde ist in keinem statischen Zustand, sie ändert sich dauernd, Wasser und Wind arbeiten am Antlitz der Erde, aber auch das Feuer greift helfend und störend dabei ein. Das Wasser mit seiner erstaunlichen Wandelbarkeit steht gleichsam zwischen den übrigen Elementen: In der Hitze verdampft es und wird vom Wind weitergetrieben, in der Kälte nimmt es feste Gestalt an und verliert seine Fließkraft.

Immer haben die Menschen die Ambivalenz der Urkräfte beobachtet, sie waren davon fasziniert und angezogen, aber auch wieder in Angst und Schrecken gejagt, wenn sie die Gewalten nicht mehr bändigen konnten. Aber sie haben sich auch immer wieder in den Elementen selbst erkannt als die Heißsporne und die erdhaft Trägen, die Lufthaftig-Beweglichen und die dem Wasser Zugeordneten.

Die Elemente wurden immer auch als heilige Urmächte angesehen, die es zu verehren galt, weil in ihnen die schöpferischen Kräfte wahrgenommen werden konnten. Der unsichtbare Gott ließ sich in diesen elementaren Wirkmächten mindestens ahnen.

Es lohnt sich auch für uns noch, dem Geheimnis der Elemente nachzugehen. In der symbolischen Wahrnehmung ist der Mensch konservativ, die Bildsprache ändert sich nicht so schnell wie unsere gesprochene Sprache. Die Ausdrucksweise der Träume, die Gestaltungsweise der Künstler, sie müssen zurückgreifen auf die archaischen Darstellungsformen, die sich das Dasein sucht. In seinem Gedicht „Die vier Elemente" drückt Werner Bergengruen dies so aus:

„Allen Dingen sind sie eingewoben,
Brennen, Fließen, Wehen und Beruhn.
Und der Mensch, die Schöpfung ganz zu proben,
muß den Gang durch solche Vierfalt tun."

Erde, die uns trägt, Erde, die uns nährt

Wir Menschen nennen uns ‚Erdenkinder', verstehen also die Erde als eine Mutter, die uns hervorgebracht hat. Und weil eine Mutter verehrt werden soll, deshalb fühlen wir uns dieser Erde verpflichtet, in Dankbarkeit und Liebe. Das war dem Menschen der Antike ganz selbstverständlich, so wie es auch jetzt noch für einen naturverbundenen Menschen selbstverständlich ist. In einem homerischen Hymnus wird folgender Lobpreis überliefert:

„Erde, du Mutter von allem, wie fest bist du gegründet,
lobsingen will ich dir,
du uralte Spenderin der Nahrung für alle, die leben.
Was auch lebendig ist im Meer oder auf dem heiligen Boden
oder in den Lüften, du ernährst alle mit quellendem Segen.
Heilige Göttin, in deinen Händen steht es,
den todgeweihten Menschen Leben zu geben,
dir steht es zu, das Leben auch wieder zu nehmen."

Der griechische Mythos erzählt die Geschichte vom Riesen Antaios, einem Sohn der Erdmutter Gaia, der ein bärenstarker Kämpfer war. Wenn sich seine Kräfte verausgabt hatten, brauchte er nur auf der Erde zu schlafen, dann erneuerte sich seine Stärke, und keiner konnte ihn besiegen: Seine Mutter führte ihm die Kräfte der Erde immer wieder zu. Erst als Herakles kam, fand er seinen Meister. Solange sie auf der Erde kämpften, war Antaios nicht zu besiegen. Da hob ihn Herakles in die Luft und zerbrach ihm die Rippen. Die Mutter Erde seufzte tief auf, konnte aber ihren Sohn nicht mehr retten.

Wenn wir uns noch als ‚Erdenkinder' verstehen, dann bedeutet das: Auch wir müssen unsere Erdverbundenheit durchleben, müssen ein Gefühl der innigen Verbundenheit mit dem ‚Mutterboden' behalten, wenn wir uns gesund im Dasein halten wollen. Ist es nicht so, daß wir uns selbst das Todesurteil sprechen, wenn wir die Erde nur noch ausbeuten und ihre Kräfte rabiat ausnutzen, wenn wir sie zu einer äußersten Fruchtbarkeit zwingen, mit Giften quälen und sie mutwillig zerstören? Der Mythos hätte gesagt: Sie wird uns, ihre Kinder, ausstoßen und verfluchen. Wenn wir sie nicht mehr erkennen, wird sie uns auch nicht mehr erkennen wollen.

Jeden Tag erreichen uns neue Schreckensmeldungen: Die Wüsten wachsen ununterbrochen, die Regenwälder werden durch Brandrodung dezimiert, die Erosion führt zum Schwinden der Humusschicht. In ihrem Gedicht „Erdreich" fragt Sarah Kirsch:

„Was müssen die Menschen
Das Erdreich beleidigt haben";

wo beleidigt worden ist, muß auch wieder versöhnt und gut gemacht werden. Der Anfang ist vielleicht eine veränderte Einstellung zur Erde, ein sorgsamerer Umgang mit ihren Kräften, mehr Behutsamkeit und mehr Dankbarkeit.

Ich kann mich noch gut erinnern, welchen tiefen Eindruck es auf mich gemacht hat, als ich vor vielen Jahren in eine kretische Höhle gestiegen bin, in der – nach der mythischen Überlieferung – Zeus geboren worden sein soll. Mit einem winzigen Kerzenstümpfchen stieg ich in die Tiefe, auf einem schlüpfrigen, steilen Pfad. Ich hatte wirklich den Eindruck, in einen riesigen Bauch hinunterzusteigen, in eine unheimliche, dunkle und gefährliche Höhlung. Von einer schweigenden Welt wurde ich dort erwartet, von einem feuchten Bereich. Plötzlich erweiterte sich der Gang, Stalaktiten und Stalagmiten tauchten auf und wurden durch das flackernde Kerzenlicht zu den unfaßlichen Gebilden einer Traumwelt. Die Wasser der Tiefe glucksten, ich war froh, mich wieder nach oben wenden zu können, bis ich dann wieder das gleißende und blendende Tageslicht erreichte. Unten war der Sog des einschläfernden Dunkels, gab es weder Licht noch Farbe, ein stiller Bereich, oben erwartete mich mit der Sonne auch wieder die Klarheit des Bewußtseins. Mir fiel plötzlich ein, daß ‚Initiation' ja ‚Einführung' bedeutet. Wer mit den Mysterien vertraut gemacht wurde, mußte in die Erdhöhle hinuntergehen, mußte sich dem Uterus der Erdmutter überlassen. Wer die Ängste aushielt und die Einsamkeit, das Dunkel und das Schweigen, konnte auch eine neue Geburt erleben.

In der Bibel ist die Erde natürlich keine Gottheit mit einem eigenen Wesen, sondern Werk des einen schaffenden Gottes. „Dem Herrn, deinem Gott, gehören der Himmel, der Himmel über den Himmeln, die Erde und alles unter der Erde" (Dtn 10,14). Er wollte, daß sie da ist, und hat sie mit den vielen Kräften ausgestattet, die wir an ihr und in ihr beobachten können. Wenn wir Gott suchen, dann werden wir auf seine Spuren in dieser Welt verwiesen:

„Die Erde ist erfüllt von der Güte des Herrn" (Ps 33,5).

Gottes Fürsorge für den Menschen läßt sich am Reichtum und der Fruchtbarkeit der Erde ablesen. Aber wir brauchen offene Sinne für die Kostbarkeiten in der Schöpfung.

„Du läßt Gras wachsen für das Vieh,
auch Pflanzen für den Menschen, die er anbaut,
damit er Brot gewinnt von der Erde
und Wein, der das Herz des Menschen erfreut,
damit sein Gesicht von Öl erglänzt
und Brot das Menschenherz stärkt" (Ps 104,14).

Allerdings kommt auch in den biblischen Texten die Gefährdung der Erde deutlich zur Sprache, das Verderben des Menschen wirkt sich auf die Schöpfung aus. „Die Erde war in Gottes Augen verdorben, sie war voller Gewalttat. Gott sah sich die Erde an: Sie war verdorben; denn alle Wesen aus Fleisch auf der Erde lebten verkehrt und verdorben" (Gen 6,11f).

Das ist aber nicht Gottes letztes Wort. Wohl gibt es Schuld und Zerstörung, aber es gibt auch Sühne und Vergebung, die Kräfte der Erde bleiben erhalten. „Ich will der Erde nicht mehr des Menschen wegen Schlimmes antun ... Ich will künftig nicht mehr alles Lebendige vernichten, wie ich es getan habe. Solange die Erdentage dauern, sollen nicht aufhören Aussaat und Ernte, Kälte und Hitze, Sommer und Winter, Tag und Nacht" (Gen 8,21 f).

Dieses tröstliche Wort sollte uns gerade in den Tagen begleiten, die von Katastrophen und Unglücksnachrichten voll sind. – Die alten Griechen sprachen von der ,heiligen Hochzeit', von der Vereinigung des Himmels mit der Erde. Etwas davon spiegelt sich noch in dem schönen Psalmvers, der gleichsam vom Zusammenklang und Zusammenwirken der Erde mit dem Himmel spricht:

„Treue wird aus der Erde sprossen,
Gerechtigkeit vom Himmel niederschauen" (Ps 85,12).

Merkwürdig, daß es die Christen so schwer hatten, die Mutter Erde zu lieben. Wie oft haben sie sie sogar schlechtgemacht, haben sie diffamiert als Ort des Grauens und des Todes, als Jammertal, wo nur die Tränenbäche fließen. Sie ist zwar wirklich kein Paradiesgarten, aber ein verheißungsvoller Bereich, auf dem Hoffnung liegt. Wir dürfen der Erde nicht untreu werden, dürfen nicht als ,Fahnenflüchtige' erscheinen, die nur den einen Wunsch haben, dieser Erde davonzulaufen.

Unser Auftrag ist es, die Erde zu hüten und zu hegen, uns auf ihr abzurackern und Verantwortung für sie zu übernehmen. „Mit Schweiß im Gesicht wirst du dein Brot essen, bis du zurückkehrst zum Ackerboden. Von ihm bist du genommen. Denn Staub bist du, zum Staub mußt du zurück" (Gen 3,19). Allerdings wird diese Weisung noch ergänzt durch eine Verheißung. Schon in den Psalmen hofft der Beter auf die erneuernde Kraft des Gottesgeistes:

„Verbirgst du dein Gesicht, sind alle verstört;
nimmst du ihnen den Atem, so schwinden sie hin
und kehren zurück zum Staub der Erde.
Sendest du deinen Geist aus, so werden sie alle
erschaffen,
und du erneuerst das Antlitz der Erde" (Ps 104,29).

Im Neuen Testament ist immer wieder von der Liebe Gottes zu seiner Schöpfung die Rede. Jesus macht deutlich, daß der Weg zum Leben durch den Tod geht: „Wenn das Weizenkorn nicht in die Erde fällt und stirbt, so bleibt es allein. Doch wenn es stirbt, bringt es viel Frucht" (Joh 12, 24). Und im letzten Buch des Neuen Testaments wird ein Ausblick in den neuen Äon gewagt, die gewandelte Schöpfung:

„Ich sah einen neuen Himmel und eine neue Erde" (Offb 21, 1).

„Salz der Erde" und „Licht der Welt" können wir nur sein, wenn wir uns zu dieser Erde als Gottes Schöpfung bekennen. Es gibt eine zutiefst christliche Diesseitigkeit. Erstaunlicherweise hat Dietrich Bonhoeffer diese Einsicht gerade in den Monaten der Haft, in einer engen Gefängniszelle wiederentdeckt. Er schrieb da: „Der Christ ... muß das irdische Leben wie Christus ganz auskosten ... Das Diesseits darf nicht vorzeitig aufgehoben werden ... Ich habe in den letzten Jahren mehr und mehr die tiefe Diesseitigkeit des Christentums kennen und verstehen gelernt ... Ich erfahre es bis zur Stunde , daß man erst in der vollen Diesseitigkeit des Lebens glauben lernt." Bonhoeffer wollte damit nicht den Glauben in pure Weltimmanenz auflösen, er lief aber Sturm gegen die Abwertung des Weltlichen, gegen das Unwichtignehmen der irdischen Wirklichkeit.

Kinder Gottes sind wir und Kinder der Erde. Und voll Freude dürfen wir beobachten, daß die Erde noch Früchte und Blumen hervorbringt. Unseren Teil sollen wir dazu beitragen, daß die Erde weiter erfüllt sein kann von der Güte Gottes.

Wasser des Lebens – Wasser des Todes

„Das Beste ist das Wasser", fängt Pindars erste Olympische Ode an. Wasser ist kostbar, kein Leben kann entstehen oder sich erhalten, wenn es fehlt. In vielen Kulturen und religiösen Traditionen wird das Wasser als der Urstoff verehrt, als die Allmutter, aus der alles, was Leben hat, entstanden ist. In unseren Breiten, wo das Wasser ausreichend vorhanden ist, machen wir uns meist keine Vorstellung, wie haushälterisch man in heißen Zonen mit dem kostbaren Naß umgehen muß. Keiner darf es vergeuden, jeder muß es dankbar empfangen, jeder Tropfen hat seinen Wert. Aber auch bei uns wächst die Vorstellung vom hohen Wert des reinen Wassers, weil unsere Flüsse und Ströme, oft sogar schon unsere Bäche, verschmutzt und mit Chemikalien verseucht sind und wir allmählich merken, daß wir ganz anders mit diesem kostbaren Stoff umgehen müssen. Weil dieses Umdenken lebensnotwendig ist, brauchen wir eine neue Einstellung zum Wasser, es muß sich bei uns wieder – wie in vergangenen Zeiten ganz selbstverständlich – eine Haltung der Ehrfurcht durchsetzen.

Wer einmal eine Geburt miterlebt hat, wird sich an den erstaunlichen Vorgang erinnern, daß das neugeborene Kind mit einem Schwall Wasser ans Tageslicht gelangt, es ist ja in seiner Embryonalzeit in einer Fruchtwasserhöhle gewesen. Die ersten neun Monate unserer Existenz waren wir Wasserbewohner, wie in einem kleinen Teich von dem schützenden und nährenden Wasser umgeben. Und dieses Angewiesensein auf das Wasser bleibt uns erhalten, unser Körper besteht zu einem hohen Prozentsatz aus Wasser, unsere Nahrung ist wasserreich und die Getränke, die wir aufnehmen, noch viel mehr.

Wir sollten manchmal etwas mehr darauf achten, wie häufig wir im Laufe des Tages mit der größten Selbstverständlichkeit Wasser verwenden. Wir steigen schon am Morgen unter die Dusche, freuen uns über den Kaffee, gießen die Blumen, waschen den Wagen, springen ins Schwimmbassin usw. Hätte das Wasser nicht bestimmte Eigenschaften, so könnte sich auf der Erde überhaupt kein Leben entwickeln. Vor allem die Selbstreinigungskraft des bewegten Wassers ist ein Wunder, über das man immer wieder staunen muß.

Warum erstaunt uns die Köstlichkeit des Wassers nicht mehr? Wir haben es zu selbstverständlich in unserer Verfügungsmacht, es scheint sich nicht zu lohnen, darüber einen Gedanken zu verlieren. Vielleicht müssen wir manchmal auf längere Zeit Durst leiden, damit uns der Schluck Wasser wieder etwas wert wird. Bei einer Bergwanderung komme ich an keiner Quelle vorbei, ohne daß ich mich eine Zeitlang davorhocke, um das aus der Erde heraufgluckende Wasser zu beobachten. Wie gut, daß sich das Wasser in der Erdtiefe sammelt und daß es nun wieder gereinigt und herrlich frisch aus der Erde tritt. So heißt es bei Werner Bergengruen:

„Aus der Tiefe wächst der Wasserborn,
Apfel, Nelke, Wein und Weizenkorn.
Und in jedem Bissen, jedem Trank
sage du dem dunklen Reiche Dank."

Es ist ja erstaunlich, wie unscheinbar das Wasser ist, weder in seiner Farbe noch in seinem Geschmack läßt es sich genau kennzeichnen, es entzieht sich unserer exakten Bestimmung, aber auf Schritt und Tritt läßt sich seine Wirkung feststellen, im Großen wie im Kleinen. Die Erdoberfläche hätte ein völlig anderes Gesicht, wenn es das Wasser nicht gäbe; die Flußläufe , das Geäder der Bäche, die Teiche und Seen, vor allem aber die Meere und die Küstenstreifen kennzeichnen unseren Globus. Mit einer steten Beharrlichkeit wirkt es immerzu, fließt weiter, sammelt sich, bricht sich Bahn, schlängelt sich durch die

Ritzen, kann zur geballten Macht werden, ohne daß man es packen kann.

„Nichts auf Erden ist so weich und schwach
Wie das Wasser.
Dennoch, im Angriff auf das Feste und Starke
Wird es durch nichts besiegt",

so hat es schon Laotse gelehrt. Felsengebirge konnten vom Wasser unterspült und abgetragen werden, ganze Kontinente wurden verändert. Was uns aber noch viel direkter begegnet, ist unser Angewiesensein auf das Wasser im Alltag: Unser Körper verlangt jeden Tag nach Flüssigkeit, der Durst treibt uns, bis wir das nötige Quantum gefunden haben. Sind wir verschmutzt und an heißen Tagen vom Schweiß ganz verklebt, dann haben wir das große Verlangen, Körper und Geist durch ein Bad zu erfrischen. Es ist so, als kämen wir erneuert und verjüngt wieder aus dem Wasser heraus.

Es wird Zeit, daß wir wieder Loblieder zu singen lernen auf diese kostbare Gabe. Antoine de Saint-Exupéry konnte – aus seiner Wüstenerfahrung – ein solches Lied anstimmen: „Wasser, du hast weder Geschmack noch Farbe, noch Aroma. Man kann dich nicht beschreiben. Man schmeckt dich, ohne dich zu kennen. Es ist nicht so, daß man dich zum Leben braucht: du selber bist das Leben! Du durchdringst uns als Labsal, dessen Köstlichkeit keiner unserer Sinne auszudrücken fähig ist. Durch dich kehren uns alle Kräfte zurück, die wir schon verloren gaben. Dank deiner Segnung fließen in uns wieder alle bereits versiegten Quellen der Seele. Du bist der köstlichste Besitz dieser Erde. Du bist auch der empfindsamste, der rein dem Leib der Erde entquillt ... Du bist eine leicht gekränkte Gottheit! Aber du schenkst uns ein unbeschreiblich einfaches und großes Glück."[46]

---

[46] *Antoine de Saint-Exupéry,* Wind, Sand und Sterne, Düsseldorf 1956, 165 f.

Viel schlichter und elementarer hat Franziskus dem Wasser gehuldigt:

„Sei gepriesen, mein Herr, durch unsere Schwester, das Wasser:
Nützlich ist es sehr, voll Demut, köstlich und keusch."

Das Verlangen nach Wasser, die Sehnsucht, an Flüssen zu wohnen und die nötige Flüssigkeit in Fülle zu haben, durchzieht die ganze Geschichte der Menschheit. Um die Wasserplätze und Brunnen wurden Kämpfe ausgetragen und Kriege geführt. Das wasserreiche Land war auch das fruchtbringende Land. – Allerdings gibt es auch die Überfülle an Wasser, das Übermaß, so daß aus dem Segen eine Bedrohung wird. Nun wirkt es plötzlich zerstörerisch, kann nur schwer gebändigt werden und schwemmt das fruchtbare Land weg, vernichtet die menschliche Kultur, reißt alles mit sich fort.

Deshalb hat das Wasser in den Mythen ein Doppelantlitz, einerseits steht es für die Fruchtbarkeit und das Leben, andererseits für das Bedrohliche und Verschlingende. Aus dem Chaos der Urwasser kommt das Leben herauf, aber die dämonische Macht der Tiefe, in der Schlange symbolisiert, vernichtet das Leben auch wieder. Deshalb muß es einen Drachenkampf geben und die Hoffnung geht dahin, daß die Kraft des Lichtes die Mächte der Finsternis besiegt. Die Mythen kennen auch die Unterscheidung der dunklen Wasser, die Unheil bringen und Untergang, von den hellen Wassern, die Heilskraft haben und Erlösung versprechen.

Im Märchen macht sich der Held auf den Weg, um das ‚Wasser des Lebens' zu gewinnen, das von Krankheit heilt und den Tod besiegt. Eine gefährliche Reise ist da zu unternehmen, weil das Lebenswasser in der Nähe des Todes zu finden ist und nur unter Einsatz des Lebens gewonnen werden kann. Nah sind Leben und Tod beieinander, Wasser spendet Leben, Wasser verschlingt Leben, Wasser heilt,

Wasser vernichtet, Wasser führt den Anfang herauf und das Ende.

Das Verlangen nach dem reinen und erfrischenden Wasser ist in der Bibel immer auch ein Zeichen der Sehnsucht nach Gottes Heil. „Wie der Hirsch lechzt nach frischem Wasser, so lechzt meine Seele, Gott, nach dir" (Ps 42,2). Es gibt also einen Durst, den das irdische Wasser nicht stillen kann, aber auch dieser Durst kann nur in den Bildern des irdischen Verlangens nach Wasser ausgedrückt werden. „Meine Seele dürstet nach dir, mein Leib verlangt nach dir, wie dürres, dürstendes Land, das des Wassers entbehrt" (Ps 63,2).

Die Heilsverheißung greift diese Ursehnsucht des Menschen auf: „Ihr werdet Wasser schöpfen voll Freude aus den Quellen des Heils" (Jes 12,3). „Ich gieße Wasser auf den dürstenden Boden, rieselnde Bäche auf das trockene Land" (Jes 44,3). Schon der Paradiesgarten war ja als ein wasserdurchströmter Wonnegarten geschildert worden, deshalb kann auch die Zukunftshoffnung vor allem als Geschenk des Wasserreichtums beschrieben werden. Der Gerechte ist „wie ein Baum, der an Wasserlöchern gepflanzt ist" und am Bach seine Wurzeln ausstreckt. Er hat nichts zu fürchten, wenn die Hitze kommt: seine Blätter bleiben grün (Ps 1,3). „Auf, ihr Durstigen, kommt alle zum Wasser! Auch wer kein Geld hat, soll kommen" (Jes 55,1).

Die Gestalt des Mose ist in besonderer Weise mit dem Wasser verbunden. Schon als Neugeborener wird er im Schilf des Nilwassers versteckt, die Tochter des Pharao nimmt ihn als ihren Sohn an mit den Worten: „Ich habe ihn aus dem Wasser gezogen" (Ex 2,10). Später rettet er das Volk Israel durch das Rote Meer hindurch, was zur entscheidenden Erinnerung des Volkes wird. Als das Volk dürstet und wankelmütig wird, bekommt er den Auftrag: „Schlag an den Felsen! Es wird Wasser herauskommen, und das Volk kann trinken" (Ex 17,6).

Diese ‚mosaische' Tradition greift dann Jesus wieder auf. Er bringt nicht einfach Wasser, sondern ist selbst das lebendige Wasser. „Wer Durst hat, komme zu mir, und es trinke, wer an mich glaubt" (Joh 7,37 f). Der Frau am Jakobsbrunnen gibt er sich als der messianische Wasserspender zu erkennen: „Wer von dem Wasser trinkt, das ich ihm geben werde, wird niemals mehr Durst haben; vielmehr wird das Wasser, das ich ihm gebe, in ihm zur sprudelnden Quelle werden" (Joh 4,14).

So wird also das Wasser zu einem zentralen Schlüsselwort menschlicher Existenz. Aus dem Wasser wird der Mensch geboren, nach dem Wasser verlangt er, solange er lebt. Wasser bedroht ihn, Wasser rettet ihn. Wasser hat reinigende und erneuernde Kraft, deshalb verwundert es uns nicht, daß es in der Taufe dazu dienen darf, die Wiedergeburt im Glauben zu bewirken. Selbst die endzeitliche Hoffnung kann nur als ein Reich des fruchtbaren Wassers beschrieben werden.

In der 6. Ode Salomos heißt es:

„Ein Bächlein ist entsprungen,
nun ward es ein mächtiger Strom.
Alles hat er fortgeschwemmt und zerrieben,
selbst den Tempel weggerissen.
Ihn konnten nicht hemmen Stauwerke und Bauten,
noch die Künste der Wasserdämmer.
Über das Antlitz der ganzen Erde ist der Strom
geflossen,
alles hat er erfüllt.
Alle Durstigen der Erde trinken daraus,
der Durst von allen wird gestillt und gelöscht."

Von der Urkraft des Feuers

Während Thales annahm, der Ursprung der Dinge, die Anfangskraft alles Seienden müsse im Wasser angenommen werden, war Heraklit überzeugt, im Feuer den Urgrund des Seins gefunden zu haben. Vom Feuer kommt alles her, im Feuersturm wird alles wieder verschlungen. Manchmal schläft es, aber es liegt nur auf dem Sprung, seine Macht wieder zu zeigen. Leben ist nur da möglich, wo auch das Feuer sich zeigt. Es muß sich etwas entzünden, das weiterwirkt. Die Pythagoreer verstanden auch die menschliche Seele als einen Feuerfunken des göttlichen Feuers, wie sonst könnte sich die Seele über die Welt erheben und Ausschau halten nach dem Ewigen?

Immer hat das Feuer die Menschen fasziniert, wurden sie von ihm angezogen, auch wenn sich eine geheime Scheu beimischte. Hilfreich ist das Feuer, notwendig, aber es bedroht uns auch. In den altindischen Veden wird diese Dopppelgesichtigkeit des Feuers auf folgende Weise angesprochen:

„Dir, Feuer, nahen wir Tag für Tag, du, der du im Dunkeln aufleuchtest! Wir nahen uns dir mit unserem Gedicht, indem wir Verehrung darbringen.
Sei uns, Feuer, gut nahbar, wie der Vater dem Sohn, bleibe bei uns zu unserem Heil!
Deine Geburt, Feuer, ist das Vorwärtsstürzen eines Speisebegehrenden. Du breitest dich seitwärts aus und streckst alle Geschöpfe nieder …
Schaff dir einen anderen Pfad als hierher; auf ihm fahre dann dahin deinem Wunsche gemäß!"

Der griechische Mythos berichtet, daß Prometheus, einer der Titanen, heimlich den olympischen Göttern das Feuer entwendet habe, um es den Menschen zu bringen. Er hatte Mitleid mit den schwachen Sterblichen, nur durch das Geschenk des Feuers konnten sie sich behaupten und überleben. In der Tragödie des Äschylos betrauert Prometheus, der zur Strafe für seinen Diebstahl von Zeus an den kaukasischen Felsen geschmiedet wurde, so sein Geschick:

„Weil ich den Sterblichen Geschenke gab,
Ward ich ins Joch des Jammers eingespannt.
Weil spähend ich des Feuers Quell beschlich,
Und in den hohlen Fenchel barg. Mit ihm
Erschien den Menschen Kunde jeder Kunst,
Und mit den Künsten großes Heil zugleich."

Prometheus hat – nach dieser Auffassung – den Menschen nicht nur das Feuer gebracht, sondern damit auch die Zivilisation, etwa die Schmiedekunst, ja auch die höhere Gesittung. „Prometheus hat die Menschen jede Kunst allein gelehrt", heißt es bei Äschylos. Aber man wußte sehr wohl, wie gefahrvoll auch dieses Feuer ist, daß es sich selbständig macht und dann eine um sich greifende zerstörerische Wirkung entfaltet. Deshalb muß es gehütet werden. Das ‚reine, heilige Feuer' mußte von den Vestalinnen bewahrt und verehrt werden, das Herdfeuer wurde zum Inbegriff der häuslichen Gemeinschaft und der Familienzusammengehörigkeit.

Obwohl wir in unserer heutigen Erlebniswelt kaum noch dem offen brennenden Feuer begegnen, seitdem wir Zentralheizungen, Heizplatten und kalte Lichter haben, ist die Faszination des Feuers ungebrochen. Ein Abend an einem offenen Kamin schafft eine unvergleichliche Atmosphäre, und wenn sich eine Gruppe um ein Lagerfreuer versammelt, dann spüren sie eine seltsame Verwandtschaft zu diesem knisternden und funkensprühenden Gebilde. Stefan George hat diesen magischen Zauber eingefangen:

„Wer je die Flamme umschritt, bleibe der Flamme
Trabant –
Wie er auch wandert und kreist, wo noch ihr Schein
ihn erreicht,
Irrt er zu weit nicht vom Ziel."

Und Nietzsche erkannte sein eigenes unruhiges Wesen im Feuer wieder:

„Ja! Ich weiß, woher ich stamme!
Ungesättigt gleich der Flamme
Glühe und verzehr' ich mich.
Licht wird alles, was ich fasse,
Kohle alles, was ich lasse:
Flamme bin ich sicherlich!"

Was sehen wir, wenn wir in ein Feuer hineinschauen? Ein seltsamer Wandlungsprozeß ereignet sich da, die scheinbar toten Elemente werden von einer geheimnisvollen Gewalt erfaßt, es bricht eine Flamme aus ihnen heraus, sie bäumen sich nach oben, werden glühend, brechen auseinander, strahlen eine Leuchtkraft aus, geben Hitze frei, ein Knistern und Knacken begleitet den Vorgang. Wer sich schauend hineinbegibt, fühlt eine Verwandtschaft zum Feuer, wie sie Hölderlin seinem Hyperion in den Mund legt: „Wir sind wie Feuer, das im dürren Ast oder im Kiesel schläft, und ringen und suchen in jedem Moment das Ende der engen Gefangenschaft." Und er fragt: Warten wir nicht auf die „Augenblicke der Befreiung, wo das Göttliche den Kerker sprengt, wo die Flamme vom Holze sich löst und siegend emporwallt über die Asche".

‚Feuer' – das ist eines der großen Deuteworte unserer Existenz. Wir werden vom Feuer der Liebe ergriffen, aber auch vom Feuer der Wut, wir sind für eine Idee ‚Feuer und Flamme', aber können auch vom Feuer eines fanatischen Eifers erfaßt werden. Wer für einen anderen einsteht, der ist bereit, für ihn ‚durchs Feuer' zu gehen, Inbrunst macht uns glühen, mancher verzehrt sich in seiner Begeisterung für eine Sache. Eine schwierige Entscheidung stellt uns in eine Feuerprobe, harte Zeiten empfinden wir so, als müßten wir im Feuer geläutert werden. Wer das Feuer scheut, der will der Gefahr entgehen, aber er läuft auch der großen Chance davon, durch das Feuer verwandelt zu werden.

Dionysios Areopagites, ein syrischer Theologe und Mystiker, der etwa um das Jahr 500 gelebt hat, muß das Feuer sehr sorgsam beobachtet haben. Er schreibt: „Das sinnliche Feuer ist sozusagen in allem und leuchtet unvermischt durch alles hindurch, indem es zugleich von allen getrennt bleibt; während es allstrahlend ist, ist es doch zugleich wie geheim, an und für sich unerkennbar, wenn kein Brennstoff vorliegt, an dem es seine eigentümliche Kraft offenbaren mag. Es ist unbezwingbar und nicht festzubannen, selbstherrlich allen Dingen gegenüber und verwandelt alles, dem es inne wird, in das eigene Wesen und Wirken hinein. Es teilt sich jedem mit, das sich ihm, auf welche Weise immer, nähert, es belebt und verjüngt durch seine lebenspendende Wärme, erleuchtet durch seine nicht zu hemmenden Strahlen, ist unbesiegt, unvermengt, kritisch zertrennend, unveränderlich, nach oben strebend, scharf zupackend, hochfahrend und keiner Kriecherei zugänglich, immer beweglich, selbstbeweglich, Fremdes bewegend, allumgreifend, doch selbst unumgriffen, keines anderen bedürftig, im Verborgenen sich selbst vermehrend, an den es aufnehmenden Stoffen seine eigene Gewalt zeigend, unternehmerisch, schaffensmächtig, allem unsichtbar anwesend, scheinbar nicht seiend, wenn man nicht darauf achtet, aber unter dem Reiben, das wie ein Suchen nach ihm ist, plötzlich als das Einwohnende und doch seinem eigenen Wesen Gehorchende aufblitzend, und dann wieder ungreifbar entfliegend, und in allen seinen allseligen Selbstverschenkungen ungemindert. Und noch viele andere Eigenschaften des Feuers könnte man finden, die ein anschauliches Bild für die göttliche Seinskraft ergäben."

Im letzten Satz macht Dionysios deutlich, daß er all den Erscheinungsweisen und Geheimnissen des Feuers deshalb nachgegangen ist, weil er in ihm so viele Bezüge zum Gottesgeheimnis findet. Von Gott kann man nur in einer ehrfürchtig andeutenden Weise sprechen, indem man mehr verschweigt und verhüllt, als verbal ausdrückt und enthüllt. Aber alles Geschaffene hat seine Ausdruckskraft, alle Dinge weisen über sich hinaus. Wir müssen auf die Suche gehen, ob die Phänomene selbst eine Leuchtfähigkeit bekommen.

„Der Herr, dein Gott, ist verzehrendes Feuer", wird uns im Alten Testament gesagt (Dtn 4,24). Im brennenden und nicht verbrennenden Dornbusch kann Mose die Nähe Gottes erkennen (Ex 3,2). Die großen Schauenden sehen, wie Gott auf einer großen Wolke „mit flammendem Feuer" daherkommt (Ez 1,4), „Feuerflammen sind sein Thron, dessen Räder loderndes Feuer" (Dan 7,9). Loderndes Feuer macht er auch zu seinen Dienern (Ps 104,4). Als wandernde Feuersäule begleitet er sein Volk, um ihnen zu leuchten (Ex 13,21).

Diese Feuersymbolik wird in der Verkündigung Jesu wieder aufgegriffen. Er versteht sich als Feuerbringer und wünscht sich ein loderndes reinigendes Feuer. „Feuer, bin ich gekommen, auf die Erde zu werfen, und wie wollte ich, daß es schon brenne" (Lk 12,49). Seine Rede ist feurig, die Funken seiner Worte fallen in die Herzen seiner Zuhörer und lassen dort überall Brände entstehen. In einem apokryphen Jesuswort, das aber früh bezeugt ist und vielleicht zu den echten Herrenworten gehört, heißt es: „Wer mir nahe ist, ist dem Feuer nahe. Wer mir ferne ist, ist dem Reiche fern." Keiner kann in seiner Nähe teilnahmslos bleiben, der eine wird vom Feuer Jesu ergriffen und umgewandelt, der andere zu Asche verbrannt. Wer diese Entscheidung scheut, kommt auch nicht in die Nähe des Heils.

Schon der Täufer Johannes hatte verheißen: „Der, der nach mir kommt, ... wird euch mit dem Heiligen Geist und mit Feuer taufen" (Mt 3,11). Jesus weist darauf hin, daß auch die Jünger „mit Feuer gewürzt" werden müssen (Mk 9,49). Und auch Paulus weiß von einem Feuer der Erprobung, durch das jeder hindurch muß: „Durch Feuer wird es offenbar, wie ein jedes Werk beschaffen ist, das Feuer wird es erproben" (1 Kor 3, 13).

So begleitet uns das Feuer durch das ganze Dasein, hilft und bedroht uns, wärmt und brennt, verwandelt und zerstört, macht die einen Dinge beweglich, die anderen stark und hart. Wer mit dem Feuer spielt, gerät in äußerste Gefahr, wer es aber nur scheut, wer ihm aus dem Wege geht, bleibt unreif. So müssen wir also den ‚Feuerweg' gehen, was aber bedeutet, daß wir mit dem Feuer (bis hin zum atomaren Feuer) haushälterisch und verantwortlich umgehen.

„Durch Feuer und Wasser sind wir geschritten.
Doch du hast uns in die Freiheit hinausgeführt"
(Ps 66, 12).

Luft – Windhauch – Atem – Geist

Wer in einem stickigen Haus mit dumpfer Luft lange aushalten mußte, der empfindet es wie eine Erlösung, wenn er endlich wieder an der frischen luft ist und tief durchatmen kann. Und wenn unsere ganze Stadt unter einer Smogglocke liegt, dann haben wir das spontane Bedürfnis, irgendwohin zu fahren, wo die Luft noch unverbraucht und unverpestet ist. „Die frische Luft des freien Feldes ist der eigentliche Ort, wo wir hingehören", sagt Goethe, und er fährt fort: „Es ist, als ob der Geist Gottes dort den Menschen unmittelbar anwehte und eine göttliche Kraft ihren Einfluß ausübte."

Zu den Grundrhythmen unseres Leibes gehört die Atembewegung. Permanent weiten sich unsere Lungenflügel und ziehen sich wieder zusammen, nehmen wir Sauerstoff in uns auf und stoßen die verbrauchte Luft wieder aus. Es sind nur wenige Minuten, die wir ohne Luftzufuhr leben können, ob wir wachen oder schlafen, immer ereignet sich der

Atemrhythmus, immer sind wir abhängig von der Zufuhr frischer Luft.

Gehen wir ins Freie, dann erleben wir dort zumeist eine bewegte Luft, wir werden angeweht oder auch fest angeblasen von den Winden, sei es vom zarten Zephir oder einem seiner ungestümeren Brüder. Die Luft ist der Inbegriff des Beweglichen, des Leichten und Schwebenden. Die Zweige wiegen sich im Lufthauch, die Winde treiben die Wolken voran, und wenn ein Sturm aufkommt, dann scheinen die Wolken miteinander zu kämpfen. Haben die Herbststürme nicht eine reinigende Wirkung? Die morschen Äste werden mit den Blättern vom Baum gefegt, es wird Raum geschaffen, damit auch wieder etwas Neues beginnen kann.

Es verwundert mich nicht, daß die Menschen der Antike die Winde für Götter gehalten haben, daß sie ihnen Opfer darbrachten und sich bei ihnen bedankten, wenn sie eine schwierige Seereise glücklich beendet hatten. Es sind schon ungeheure Kräfte, die wir in den verschiedenen Winden beobachten können, manchmal jagen sie uns ganz schöne Angstgefühle ein, plötzlich brechen sie herein und bringen alles durcheinander, als wollten sie alle hergebrachte Ordnung in Stücke reißen.

Aber sie bringen ja auch Leben herauf, ohne die Frühlingswinde würden viele Blüten nicht befruchtet. Und wir selbst brauchen den Anhauch, müssen immer wieder neu einen frischen Wind erleben, damit unsere Lebensgeister erwachen können.

„Nordwind, wach auf, Südwind, komm herbei!
Durchweht meinen Garten,
laßt strömen die Balsamdüfte"
(Hld 4,16).

‚Inspiration', das bedeutet, von einem Lebenshauch beatmet, von einem erweckenden Geist erfüllt zu werden. Es gibt wenige Geschehnisse in unserer Alltagserfahrung, die uns so unmittelbar auf den schaffenden, erweckenden und erneuernden Gott hinweisen wie der Wind und der Atem. Erst nachdem Adam der „lebende Atem" in die Nase geblasen wurde, konnte er zum Dasein erwachen. Gottes Geisthauch muß kommen, damit sich das Angesicht der Erde erneuert. Und auch Jesus haucht seine Jünger an, damit sie mit Heiligem Geist erfüllt werden.

In einem frühchristlichen Hymnus wird auf besonders eindringliche Weise dieser beschwingende Einfluß des hauchenden Geistes beschrieben:

„Wie der Windhauch durch die Harfe fährt,
daß die Saiten singen,
so fährt der Geisthauch des Herrn durch meine
Glieder,
daß ich in Seiner Liebe singe!"
(6. Ode Salomos)

Aber dieses Kommen des Geistes kann nicht erzwungen und nicht berechnet werden. So wie der Sturm überraschend kommt und alles durcheinanderwirbelt, kann auch Gottes Geist plötzlich einbrechen. Nikodemus wird von Jesus belehrt: „Der Wind bläst, wo er will. Du hörst sein Sausen, weißt aber nicht, woher er kommt und wohin er geht. So steht es mit jedem, der aus dem Geist geboren ist" (Joh 3,8). – Kinder des Geistes sollen wir werden, er ist es, der verwandeln kann, auf dem also auch unsere Hoffnung liegt. Hören wir auf Rudolf Hagelstange.

„Es schuf der Geist, und seine Sendung
war Liebe und sein Wille Licht,
sein Sinn war Demut und sein Maß Verschwendung,
sein Weg war Wahrheit und sein Ziel Vollendung,
Unsterblichkeit sein Angesicht.

Die Symbolkraft des Windes läßt sich nicht aus Büchern lernen und ablesen, wir müssen schon nach draußen gehen, uns scharf anpacken lassen von den kalten Nordwinden, uns umsäuseln von den milden Sommerwinden, uns verwöhnen von den frischen Seewinden. In einer solchen

Stunde, wo wir von den Winden umspielt werden und uns das Geheimnis des Geisthauchs nahekommt, sollten wir die Vision des Ezechiel lesen und nachempfinden, wohl eine der großartigsten Bibelstellen überhaupt. Ezechiel spürt die Hand des Herrn, die sich auf ihn legt und in eine Ebene versetzt, die voller Totengebein ist. „Rede als Prophet zum Geist, rede, Mensch, sag zum Geist: So spricht Gott, der Herr: Geist, komm herbei von den vier Winden! Hauch diese Toten an, damit sie lebendig werden. Ich spanne Sehnen über euch und umgebe euch mit Fleisch; ich überziehe euch mit Haut und bringe Geist in euch, dann werdet ihr lebendig ... Ich hauche euch meinen Geist ein, dann werdet ihr lebendig" (Ez 37).

Wie oft leiden wir darunter, daß wir selbst wie erstorben sind, ohne Mut und Zuversicht, oder wir beobachten schmerzhaft, daß in unserer Umwelt ein ‚Todesgeist' oder ein ‚Geist der Müdigkeit' um sich greift, so daß jeder Elan schwindet und keine Impulse zur Erneuerung mehr zu entdecken sind. Da scheint Gottes Geist erloschen zu sein. Um so mehr geht unsere Sehnsucht dahin, daß ein bewegender Geisthauch des Gottesgeistes sich erheben möge. Franz Werfel hat diese Sehnsucht einmal so ins Wort gefaßt:

„Atem schwebt
über Feindschaft finsterer Chöre.
Atem ist Wesen vom höchsten Hauch.
Nicht der Wind, der sich taucht
in Weid', Wald und Strauch,
nicht das Wehn, vor dem die Blätter sich drehn ...
Gottes Hauch wird im Atem der Menschen geboren."

Aber der Atem hat auch noch eine andere Funktion, er wird zur Stimme, durch unsere Stimmbänder und die Wirkung der Luft können wir sprechen und singen, sind in der Lage, uns zu verständigen, wir finden Worte und Laute und die Vielfalt der Töne, die uns die Möglichkeit geben, den Gedanken einen Ausdruck zu verleihen. Ohne diese dialogische Möglichkeit hätte der Mensch nicht Mensch werden können. Gott selbst hat sich uns im ‚Logos' kundgetan, er tritt als fleischgewordenes ‚Wort', das von Ihm gesprochen wurde, zu uns, der Geisthauch Gottes wird ein Wort, das von uns aufgenommen und beantwortet werden kann.

Das Lufthafte, das Schwebend-Leichte des Windes kann aber auch als Not erlebt werden, weil es sich nicht festhalten und verdinglichen läßt. Die Beobachtung des flüchtigen Windhauchs erinnert uns an die eigene Vergänglichkeit, an die Zerbrechlichkeit unseres Wesens. Vor allem der alttestamentliche ‚Prediger' drückt seine pessimistische Lebenserfahrung so aus: „Ich beobachtete alle Taten, die unter der Sonne getan wurden. Das Ergebnis: Alles ist Windhauch und Luftgespinst, ist Haschen nach Wind" (Koh 1, 14). Aber auch an anderen Stellen findet sich eine ähnliche Mahnung: „Denk daran, daß mein Leben nur ein Hauch, ein Wind ist", klagt Ijob (7, 7). Und bei Jesaja wird die menschliche Schuld genannt als Ursache unserer mangelnden Konsistenz: „Wie Laub sind wir alle verwelkt, unsere Schuld trägt uns fort wie der Wind" (Jes 64, 5). Hier ist also die Wind-erfahrung gerade nicht tröstlich und verlebendigend. Um so mehr geht unsere Sehnsucht dahin, nicht „wie ein Schilfrohr vom Winde" hin und her geweht zu werden (Mt 11, 7), sondern Stand zu gewinnen, aber so, daß wir den erneuernden Sturmwind des Heiligen Geistes erfahren dürfen. In der „Ballade vom Wind" spricht Werner Bergengruen diese Erfahrungsfülle an:

„Kerzenverlöscher und Flammenschürer,
Nebelzerteiler und Wolkenführer,
schäumiger Wellen johlender Freier,
Trinker der Tränen, Zerreißer der Schleier,
rauchblau, schwärzlich und hagelweiß,
Tücherbauscher,
Seelenberauscher,
kindlicher Spieler und zorniger Greis."

Die Zahl, die Zahlen und das Zählen

Die Zahl ist das Wesen der Dinge
Pythagoras

Du hast alles geordnet
nach Maß, Zahl und Gewicht

Zahlen helfen uns, Klarheit und Ordnung zu schaffen
in der Unrast unseres Lebens
Margarete Riemschneider

Irgendwann muß es den Menschen aufgegangen sein, daß man die Dinge zählen kann, daß man die Vielfalt der Welt dadurch ordnen kann, daß man sie ‚nach Maß und Zahl' unterscheidet und zusammenfügt. Für den Hirten war es wichtig, seine Tiere zu zählen, der Bauer wollte seine Ernte messen, der König wollte wissen, wie viele Untergebene er hatte. Und jedes Kind fängt wieder von vorne an, seine Finger zu entdecken und sie zu zählen, um ein Gefühl für Mengen zu bekommen.

Unser Wort ‚Zahl' kommt vom Urgermanischen ‚talo', das ist der Einschnitt ins Kerbholz. Man hat also Einschnitte in einen Stock gehauen, nun konnte man sich die Anzahl merken, konnte anfangen zu rechnen. Wer die Welt erkennen will, der muß ihre Ordnungen erkennen. Das geht nicht ohne die Zahl und ohne das Zählen. Nun erschließen sich viele Dinge, vieles wiederholt sich, kann verglichen werden: ein Rhythmus ergibt sich, die Zahl erweist sich als Schlüssel zum Verständnis vieler Geheimnisse. Über manche kommt es wie ein Rausch: alles muß gezählt und berechnet, geschätzt und gemessen werden. Schlimm wird es dann, wenn auch andere Menschen nur noch als ‚Nummern' behandelt werden, als wären sie nur Zahlen in einem großen Rechenspiel.

Für andere haben die Zahlen einen magischen Charakter, sie glauben, man könne dadurch Dinge beschwören. Wer etwas von diesem Zauber der Zahlenmagie erfahren will, der sei an das Hexeneinmaleins in Goethes Faust erinnert:

„Du mußt verstehn! Aus Eins mach Zehn,
Und Zwei laß gehn. Und Drei mach gleich,
So bist du reich. Verlier die Vier!

Aus Fünf mach Sechs, So sagt die Hex',
Mach Sieben und Acht, So ist's vollbracht:
Und Neun ist Eins, Und Zehn ist keins.
Das ist das Hexen-Einmalseins!"

Nun soll es hier nicht um die magische Bedeutung der Zahlen gehen, aber um ihre Symbolik. Es ist nämlich ganz seltsam, daß jede Zahl für uns ihre Eigenart bekommen hat, jede Zahl löst in uns etwas aus, bringt Zusammenhänge ins Spiel und erinnert uns an etwas.

Im alttestamentlichen Buch der Weisheit findet sich ein Satz, der gleichsam auf die theologische Bedeutung der Zahlen hinweist. „Du hast alles geordnet nach Maß, Zahl und Gewicht", so wird dort von Gott gesagt. Wenn wir in unserer Welt Gesetzmäßigkeiten finden und entdecken, daß wir in einem geordneten Kosmos leben, wo nicht Willkür und Zufall herrscht, sondern die elementare Ordnung der Naturgesetze vorgefunden wird, dann führt das der biblische Schriftsteller auf Gott zurück, der seiner Schöpfung ein unverwechselbares Gepräge geben wollte.

So ist es nicht verwunderlich, daß manche mittelalterlichen Theologen auch bedeutende Mathematiker waren und ihre ‚Zahlenkunst' in Verbindung brachten zu ihrer theologischen Bemühung, die Welt besser zu begreifen. So forderte Rhabanus Maurus seine Mönche auf, Arithmetik zu studieren, damit sie durch ihr besseres Verständnis der Welt und ihrer Zusammenhänge auch die mystischen Zahlen der Bibel begreifen könnten. – Und einige Jahrhunderte später sagte Nikolaus von Kues: „Ohne die Zahl vermag der Geist nichts zu leisten ..., ohne sie kann nichts erkannt werden."

Also gehen wir den Zahlen nach und horchen sie gleichsam ab, was sie uns für eine Kunde übermitteln. Ob man, wie Leibniz meinte, auf mathematischem Wege eine Metaphysik entwickeln könne, ob man, wie es Hobbes annahm, Rechnen und Denken als ein und dasselbe verstehen müsse, lassen wir dahingestellt. Aber es ist so auffällig, daß jeder von uns Vorlieben für Zahlen hat, daß er vielleicht Glückszahlen kennt oder bestimmte Zahlen nur ungern verwendet. Und manche Zahlen haben eine uralte Tradition, die Drei z. B., die Sieben und die Zwölf. Was hat es damit auf sich? Ist das alles Aberglaube? Oder gibt es eine Weisheit, die sich im Verhältnis der Zahlen ausspricht?

„Du hast alles geordnet nach Maß, Zahl und Gewicht", sagt die Bibel. Versuchen wir doch einmal herauszufinden, was die Zahlen uns erzählen, welche Einsichten und Erkenntnisse wir gewinnen können, wenn wir ihnen nachsinnen und wenn wir auf die Eigenarten achten, mit der unsere Sprache mit ihnen umgeht.

Die Eins und die Zwei

Die Zahl *Eins* hat keinen Vorgänger, deshalb bedeutet sie das ungeteilte Ganze. Und weil es unseren Kosmos nicht geben *muß,* deshalb können wir annehmen, daß es irgendwann einmal eine Urgeburt gegeben hat: Das Sein wurde aus dem Nichtsein hervorgerufen, das Sichtbare trat aus dem Unsichtbaren hervor. Gott läßt sich mit Zahlen nicht erfassen und noch weniger berechnen. Aber der Glaubende ist davon überzeugt, daß alles Zählbare und Sichtbare aus der Unendlichkeit und Unmeßbarkeit Gottes kommt.

Weil wir aber – als sinnenhafte und endliche Wesen – nicht hinter die Eins zurückkönnen, deshalb bringen wir diese Eins mit Gott und seinem Schöpfertum in Verbindung. Angelus Silesius hat diesen Gedanken in seinem „Cherubinischen Wandersmann" so ausgedrückt:

„Die Zahlen alle gar sind aus dem Eins geflossen
Und die Geschöpf zumal aus Gott dem Eins
entsprossen."

Wenn wir uns in der Welt umschauen, dann beobachten wir, daß das Eine und Ganze nicht in seiner Ungeteiltheit bleibt, es gibt sich in die Vielheit, es differenziert sich aus, so entstehen die tausend Dinge. Das kann man als einen Zerfallsprozeß verstehen: das eine trennt sich vom anderen, das Zusammengehörige zerreißt. Friedrich Rückert hat diesem Gedanken in einem Gedicht Ausdruck gegeben.

„Die Zwei ist Zweifel, Zwist, ist Zwietracht, Zwiespalt, Zwitter;
Die Zwei ist Zwillingsfrucht am Zweige süß und bitter."

Aber diese Zerteilung führt ja auch zu dem, was wir Begegnung nennen: es kommt zu fruchtbaren Spannungen, weil zwei polar sich gegenüberstehende Hälften aufeinander bezogen sind, sich anziehen und sich abgrenzen. So gibt es ja ‚den Menschen' nicht, es gibt ihn nur als Mann oder als Frau, aber sie bilden auch wieder eine Einheit, haben Verlangen nacheinander und können sich ergänzen. So kann man die gesamte Wirklichkeit als gespannte Gegensätzlichkeit begreifen: das Rechte und das Linke, das Oben und das Unten, das Aktive und das Passive. Unser Tun und Lassen, unser Schlafen und Wachen, die Arbeit und die Ruhe, das Bewußte und das Unbewußte, all das und tausend andere Phänomene lassen sich als eine Dualität auffassen. Alles hat ein Gegenüber, einen Gegenspieler, eine kontrastierende Ergänzung.

In unserer dynamischen Welt muß es also die Zweiheit geben, sie wird zum ‚mütterlichen Prinzip', das die Fortpflanzung ermöglicht, sie ist der Motor der Evolution, das Spannungsmoment jeder Entwicklung. Aber oft genug leiden wir auch unter dieser Spaltung, vor allem dann, wenn wir uns als ‚Halbe' vorkommen, wann wir die Einpoligkeit der eigenen Existenz erfahren und uns das Geschenk der Ganzheit in der Begegnung mit einem anderen Menschen nicht zuteil wird.

Wir sprechen davon, jeder Mensch sei ein ‚Individuum', ein unteilbares Ganzes. Oft genug erleben wir uns aber selbst in einem inneren Widerspruch, uns treibt es in verschiedene Richtungen, das Bewußtsein kann sich spalten. Erst wer sich wirklich als Einheit und Ganzheit begreift, kann auch seine innere Vielschichtiqkeit aushalten und überbrücken. Sehr schön hat das Friedrich Rückert in dem vorhin schon zitierten Gedicht ausgedrückt:

„Das Eins ist zweierlei, hier Einheit unentzweit,
Dort in der Zweiheit hergestellte Einigkeit."

Wer sich in der Welt umschaut, kann immer wieder beides beobachten: Einerseits stoßen wir überall auf den symmetrischen Charakter der Dinge, auf die Paarhaftigkeit der Lebewesen und sind darüber froh, weil alles auf Ergänzung und Begegnung hin angelegt ist. Andererseits gibt es auch die schlimme Teilung, die Abspaltung und Zersplitterung des Ganzheitlichen. Wenn das Irdisch-Materielle abgewertet wird und nur noch der Geist als das Wertvolle gilt, wenn der Leib verteufelt wird um der Seele willen, dann zerfällt die Einheit des Seins, die Polarität wird nicht mehr durchgehalten, und ein Abgrund tut sich auf: Die Spannungseinheit des Kosmos wird aufgegeben.

Wir schauen also nach dem Bindeglied aus, nach der heilsamen Brücke, die die Kontraste verbindet, die Pole aufeinander bezieht und uns das ‚ein und alles' erleben läßt. Noch einmal soll Friedrich Rückert das Wort haben:

„Denn Eins ist Alles, wenn der Schein der Zweiheit
schwand ...
Wenn Zwietracht Eintracht wird und Einfalt das
Zwiefalte,
Dann wird der Schaden heil am alten Weltzwiespalte."

Die Drei und die Vier

In den meisten Kulturen und Religionen gilt die Drei als heilige Zahl, als Zahl der Vereinigung, als Inbegriff der Ordnung. Die rhythmische Struktur der Drei dient uns für viele Dinge, zum besseren Verständnis zu kommen. Ein Geschehen läßt sich in seinem Anfang, seiner Mitte und seinem Ende erfassen, die Zeit als Gegenwart, Vergangenheit und Zukunft beschreiben. Während die Zwei die Dinge zu spalten schien (nicht umsonst weist unsere Sprache auf so viele ‚zwielichtige' und ‚zwiespältige' Dinge hin), bringt die Drei offensichtlich alles wieder zusammen. Die These und die ihr gegenüberstehende Antithese werden in der Synthese vereinigt und versöhnt, die Geschlossenheit des Ganzen wird wiederhergestellt: Die Spannung löst sich, ein Ausgleich wird sichtbar.

Die Drei ist allgegenwärtig: In den Märchen müssen gewöhnlich drei Aufgaben gelöst werden, damit das Ziel erreicht wird. Auf den dritten Söhnen liegt die Verheißung, obwohl sie zunächst als die Minderwertigen und Dümmlinge hingestellt werden. Die dritten Töchter sind die schönsten; der dritte Anlauf führt zum Erfolg. Drei Stationen müssen bei der Suchwanderung durchlaufen werden, drei Gaben helfen, bis das geheimnisvolle Ziel erreicht wird. Der Dreierrhythmus wird zur Dreierregel („Du mußt es dreimal sagen", heißt es im Faust), damit sich die Dynamik entfalten kann.

Es verwundert nicht, daß auch Gott als heilige Dreiheit erfahren werden kann. Schon im Alten Testament wird Gott als der dreimal Heilige gesehen. Und im Neuen Testament gilt das Geheimnis des Dreifaltigen und Dreieinigen als der Inbegriff der Selbstoffenbarung Gottes. – Und auch der Mensch, der ja nach Gottes Bild und Schattenriß geschaffen wurde, muß sich als innere Dreiheit zu begreifen suchen: Sein erkennender Verstand, sein empfindungsfähiges Gefühl und sein tatorientierter Wille ergeben eine anthropologische Dreiheit, die ihm hilft, sich als gestufte Einheit zu begreifen.

Wenn die Drei eine Zahl ist, die in besonderer Weise dem Geheimnis Gottes zugeordnet wird, dann ist die Vier eine ‚Weltzahl', eine Zahl, die den irdischen Bereich charakterisiert. Alles Irdische ist aus den Grundsubstanzen Wasser, Erde, Feuer und Luft zusammengefügt, so haben es schon die Menschen der Antike gesehen und beschrieben. Immer stellt sich die Vierzahl ein, wenn man das irdische Universum beschreiben will: Vier Jahreszeiten kennzeichnen den Jahresablauf, die vier Winde und Himmelsrichtungen helfen uns, die Orientierung herzustellen und die Erde zu ordnen. Vier Flüsse entsprangen im Paradies und bewässerten den ganzen Erdkreis, vier Weltzeitalter markieren die Geschichte. Und wenn ein Mensch alle Lebensalter durchlaufen darf, dann erlebt er auch hier eine Vierzahl: Kindheit und Jugend, Erwachsenendasein und Greisenalter. Und wer nicht nur alt, sondern auch weise werden will, der muß sich um die vier Kardinaltugenden bemühen: um Klugheit und Tapferkeit, um das rechte Maß und um Gerechtigkeit.

Obwohl doch die Vier eine ‚irdische Vollzahl' ist, haben sich die Menschen immer wieder Gedanken gemacht, wie man über die Grenzen dieses Gevierts hinauskommen könne. Als wären sie in einem engen viereckigen Gatter, wollten sie eine zusätzliche Dimension gewinnen. So suchten die Alchimisten nach dem Stein der Weisen; sie verstanden darunter – neben den bekannten vier Elementen – das fünfte Element: die Quintessenz. Die Welt soll nicht einfach in sich ruhen, sondern soll sich übersteigen. Werner Bergengruen spricht zwar in einem seiner Gedichte von der heiligen Vierzahl:

„Gott der Herr, gevierfacht sich zu preisen,
setzte Element um Element."

Aber diese Vierheit soll wieder zu einer höheren Ganzheit auf anderem Niveau gefügt werden. Deshalb heißt es bei Bergengruen weiter:

„Also ist die Pilgerschaft gemündet
und die Bahn im goldnen Ziel verklärt.
In den vieren ist die Welt gegründet
und vom fünften strahlenhaft genährt."

So sind wir unversehens aus der Betrachtung der Vier in die Fünf hineingeraten. Das ist offensichtlich kein Zufall. Die mittelalterlichen Maler haben unzählige Male die vier Evangelistensymbole in die Apsiden und Chorräume der Kirchen gemalt: der Menschengesichtige als Zeichen des Matthäus, der Löwe als Symbol des Markus, der Stier als Erkennungszeichen des Lukas, der Adler als Symboltier des Johannes, das sind die vier Wesen, von denen schon im Alten Testament berichtet wird. In die Mitte aber setzten sie Jesus Christus, er war wohl für sie die ‚Quintessenz', die heilige Mitte als Prinzip der Einheit und Überhöhung der Vierzahl.

Fünf, Sechs und Sieben

Für die Menschen der Antike war die Fünf die Venuszahl. Das hängt vielleicht damit zusammen, daß die Zwei als Zahl der Frau galt und die Drei als Zahl des Mannes. Wenn sich beide vereinigen und Hochzeit feiern, dann geschieht das im Zahlzeichen Fünf. Und Venus hieß ja die Göttin, die Mann und Frau zusammenführt. Bis heute haben sich Hochzeitsbräuche gehalten, bei denen Apfel- und Quittenblüten eine Rolle spielen, weil sie fünfblättrig sind. Und die Kirchenväter machten darauf aufmerksam, daß es eben fünf kluge Jungfrauen waren, die – in Jesu Gleichnis – zur Hochzeit eingelassen wurden.

Aber die Fünf hat auch für jeden einzelnen von uns seine Bedeutung: Wer auch nur einmal über die praktikable Tatsache nachgedacht hat, daß wir zweimal fünf Finger haben, wird nicht mehr leichthin über diese Zahl hinwegsehen. Eine ähnliche Funktion hat – auf einem anderen Feld – auch die Fünfzahl der Sinne: Wer offene Augen hat, hörbereite Ohren, ein feines Getast, wer riechen kann, was ‚in der Luft liegt', und ein Geschmacksorgan, das die Gabe der Unterscheidung hat, der kann in sich stehen und hat eine mündige Form seiner Existenz gefunden.

Hängt diese ‚runde' und in sich stehende und Sicherheit verleihende Funktion der Fünf vielleicht auch mit der Vorstellung zusammen, das Fünfeck habe dämonenabwehrende Kraft? Auf jeden Fall hat man dem ‚Pentagramm', dem fünfeckigen Stern und Drudenfuß, solche Vollmacht zugesprochen. Bis heute finden sich auf manchen Türschwellen solche Zeichen: Menschen wollen sich gegenüber dämonischen Wesen und Unholden absichern und vertrauen sich solchen magischen Praktiken an.

Auch das Sechseck hat eine lange Geschichte. Für das Volk Israel wurde es zum Bundeszeichen, zum Ausdruck dafür, daß Gott seinem Volk die Treue halten will, daß er aber auch erwartet, daß sein erwähltes Volk ebenso zu ihm steht. Was wird aber mit dem Davidsstern symbolisiert? Zwei Dreiecke vereinigen sich: Das nach unten weisende Dreieck vereinigt sich mit dem nach oben weisenden. Das Himmlische hat sich also mit dem Irdischen verbunden, Gott hat sich der Erde zugewandt, Geistiges und Materielles gehen eine Verbindung ein. So ist also auch der sechseckige Stern ein Begegnungszeichen.

Aber die Symbolkundler weisen auch darauf hin, daß – nach dem Bericht der Genesis – Gott die Welt in sechs Tagen geschaffen hat. Daraus ergibt sich der Rhythmus unserer Arbeitswoche. Nach den sechs Tagen irdischer Tätigkeit und der Hingabe an die Weltaufgaben sollen wir eine Pause einlegen und uns einen Ruhetag gönnen. Die Sechs bindet uns an die Erde, weist uns auf die verantwortlichen Aufgaben in dieser Welt hin. Aber unsere Sehnsucht geht über die Sechszahl hinaus hin zur Sabbatruhe, wo wir von den Mühen und Plagen der Alltagsarbeit ausruhen können.

Der siebte Tag rundet die Woche ab, er überhöht aber den Verlauf des Wochenschemas und wird zum Haupt der Woche. So wie der Verlauf der Weltschöpfung auf den siebten Tag der Ruhe hinläuft, wo alles nur einfach ‚da' zu sein braucht, in seiner Schönheit und Sinnhaftigkeit, so läuft auch die Geschichte der gesamten Menschheit auf eine Vollendung hin, so vertrauen die Gläubigen. Wenn die Juden Sabbat feiern, dann nehmen sie darin schon die messianische Zeit vorweg.

Die Weisen des Vorderen Orients haben vor allem durch ihre Sternbeobachtung Einblick in Rhythmen und Perioden des Weltlaufs bekommen. Die Sieben spielt beim Mondumlauf eine Rolle, auch die Siebenzahl der Planeten war ihnen wichtig. Dazu kamen die Siebenzahl der Tonleiter und die sieben Farben des Regenbogens: Alles deutete auf eine Differenzierung der Wirklichkeit nach dem Siebenerrhythmus hin. – In den Mysterienkulten mußte der Neueinzuweihende einen siebenfachen Sphärenweg gehen, um ins Geheimnis eingeführt zu werden. Und die mesopotamischen Tempeltürme waren nach einem Grundmodell der sieben Himmel konstruiert und hatten sieben Stufen.

Auch in der Johannesapokalypse müssen sieben Siegel gelöst werden, ertönen sieben Posaunen, werden sieben Zornschalen ausgeschüttet usw. Viele Siebenerrhythmen müssen durchlaufen werden, damit sich die Geschichte erfüllt. Auf diesem Weg durch die Zeiten und Wirren der Anfechtung brauchen wir Stärkung und Ermutigung. Sieben Sakramente begleiten den katholischen Christen, sieben Gaben des Heiligen Geistes verheißen ihm die neue Wirklichkeit des Reiches Gottes, so wie schon der siebenarmige Leuchter den frommen Juden an Gottes Zugewandtheit erinnert hat.

Von Acht bis Zwölf

So heilig den Alten die Siebenzahl war, den Christen wurde die Acht noch bedeutsamer. Sie erinnerten sich an die acht Seligpreisungen Jesu in der Bergpredigt. Die Acht überbot noch die Sieben und führte eine neue Dimension herauf. Nach Ablauf der Siebentagswoche bringt der achte Tag den ersten Tag wieder herauf, aber auf höherer Ebene, so wie die Oktave den Ausgangston aufgreift, entsprechend höher. Mit der Auferstehung Christi ist das alte Zeitalter zu Ende gegangen, der achte Tag der Ewigkeit schon angebrochen.

Deshalb bauten die Christen über Jahrhunderte hin achteckige Taufkapellen und Begräbniskirchen. Das Oktogon sollte schon die zukünftige Welt versinnbilden; die alte, müde gewordene Welt wird durch eine neue Schöpfung abgelöst. Die Acht gibt also der Ewigkeit Ausdruck. Es ist merkwürdig, daß die liegende Acht bis heute das Zeichen für ‚Unendlichkeit' geblieben ist, obwohl heute wahrscheinlich kaum einer mehr an die symbolische Zeichenfunktion der Acht denkt. Und nur wer aufmerksam wird, welche Rolle die Zahlenverhältnisse in der Architektur, in der Kunst und Musik spielen, kann die Andeutungen überall verstehen. Dem Kunsthistoriker Hans Sedlmayr ging beim Studium der mittelalterlichen Kathedralen plötzlich auf, daß die Acht etwas mit der Eins zu tun hat: „Die Oktav ist als wiederhergestellte vollkommene Konsonanz gleichsam Rückkehr zur ursprünglichen Harmonie und ‚Seligkeit' der Eins, der Prim."

Wenn die Acht so wichtig ist, kann man da überhaupt noch weiterzählen? Nun, auch die Neun hat ihr Gewicht. In der jüdischen Buchstabensymbolik (die, weil jeder Buchstabe einen Zahlenwert hat, auch eine Zahlensymbolik enthält), ist der neunte Buchstabe das Teth, das auch als Gebärmutter mit einem Embryo verstanden wird. Die Gebärmutter ist dunkel und in sich geschlossen, aber in ihr bereitet sich das kommende Leben vor. Neun Monate muß ein Kind im Mutterschoß verborgen sein, bis es geboren werden kann und sein eigenständiges Dasein beginnt. Die Neun steht also auch für die Zeit der Schwangerschaft, für die Zeit der Bereitung auf ein neues Leben, das zunächst erwartet und gehütet werden muß, bis es seinen eigenen Weg antreten kann.

Und die Zehn? Die ist natürlich schon deshalb wichtig, weil wir ja ein Dezimalsystem haben, und da ist die Zehn die maßgebliche Zahl. Zehn: das ergibt ein Ganzes, weil wir nun einmal mit unseren zehn Fingern zählen, und wenn wir alle Finger abgezählt haben, müssen wir wieder von vorne beginnen. – Um das Ganze der göttlichen Weisungen mitzuteilen, sind uns die ‚zehn Worte' des Dekalogs verkündet worden, die Zehn Gebote, die alle Bereiche unseres Lebens prägen sollen, sowohl im Hinblick auf Gott als auch auf die Menschen und die weltlichen Ordnungen. Und wenn man seine Pflicht und Schuldigkeit tun will, dann muß man den ‚Zehnten' seiner Habe oder seines Verdienstes hergeben, weil kein Mensch nur für sich lebt, sondern einer für den anderen Verantwortung trägt.

Die Elf hat in der Tradition der Zahlensymbolik meist einen etwas zwielichtigen Charakter. Einerseits steht sie für eine Grenzüberschreitung, weil die Zehn das ‚Runde' und ‚Geschlossene' repräsentiert: Wer sich darüber wagt, übertritt ein Tabu. Etymologisch gesehen, bedeutet ‚elf': ‚eins übrig', eins ist also zuviel, es findet keinen Platz mehr. Auf der anderen Seite fehlt der Elf wieder eins, damit die ‚runde

Zwölf' zustande kommt, das volle Dutzend. „Elf Apostel blieben treu", heißt es in einem Volkslied. Und weil es ursprünglich zwölf waren und sein sollten, deshalb signalisiert die Elf Sünde und Schuld. Vielleicht klingt etwas von diesen Zusammenhängen nach, wenn Schiller in seinem „Wallenstein" den sternkundigen Seni sagen läßt: „Elf! Eine böse Zahl ... Elf ist die Sünde. Elf überschreitet die Zehn Gebote."

Aber vielleicht ist die Elf zunächst einmal eine ‚irdische Zahl', eine Zahl der unvollkommenen Welt und des unvollständigen Menschen. Die elfte Stunde ist die Stunde des Gerichts. Solange es noch nicht zwölf geschlagen hat, kann der Mensch noch umkehren und um Gnade bitten. Manchmal merken wir – mit Schrecken –, daß es fünf vor zwölf ist, wir haben nur noch eine ganz kurze Frist, die genutzt werden kann.

Bei der Zwölf stoßen wir noch einmal auf eine bedeutsame Zahl, dazu eine, die kosmische Ordnung ausdrückt. Früh schon hat man das Jahr in zwölf Monate geteilt, die Tierkreiszeichen bestimmten den Sonnenverlauf. Und den Tag und die Nacht gliederte man in zwölf Stunden. Wenn also die Zwölfe das Ganze ergeben, dann braucht es nicht zu verwundern, daß Israel sich in zwölf Stämme gliedert. Und Jesus beruft zwölf Jünger zu seinem internen Freundeskreis der Apostel. Weil aber nur elf treu bleiben, deshalb muß die junge Kirche wieder einen Zwölften wählen, damit die heilige Zahl erfüllt ist: Matthias wird gewählt, und der Kreis ist wieder geschlossen.

Ähnlich wie die Acht ist aber die Zwölf auch eine Zahl der erfüllten Zukunft. Die himmlische Stadt, das neue Jerusalem, ist von zwölf Toren umgeben. Sie ruhen auf zwölf Edelsteinen und bestehen aus zwölf kostbaren Perlen. Die Vollendung der Welt läßt sich also im Bild der vollkommenen Zwölf beschreiben. Auch die Auserwählten stellen Scharen von Erlösten dar: 12 mal 12 000, das sind 144 000

Heilige. Selbst ihr seliger Reigen läßt sich als Zwölfertanz kennzeichnen. In den apokryphen Johannes-Akten findet sich ein Hymnus, den Jesus mit seinen Jüngern singt während eines gemeinsamen Reigentanzes. Dort heißt es:

„Die Gnade tanzt ...
Lobsingt mit uns die Achtheit.
Die Zwölfzahl tanzt oben."

Vierzig, Fünfzig und kein Ende

Die Vierzig hängt mit der Vier zusammen, es ist also eine ‚irdische' Zahl, die dem innerweltlichen Bereich zugeordnet ist. Weil aber dieses Leben auch von Schuld und Unrecht geprägt ist und weil wir unter der Enge und Begrenztheit des Daseins leiden, deshalb sind wir von der Hoffnung bestimmt, die Vierzig überschreiten zu können. Zunächst aber müssen wir sie durchleiden. Vierzig Tage lang strömten die Regenmassen der Sintflut, um die Schuld der Menschen zu sühnen, bis sich die Sonne der Vergebung wieder zeigte, vierzig Tage war Mose auf dem Berg der Gesetzgebung, um die Tafeln der Gebote und des Bundesschlusses zu erhalten. Vierzig Jahre mußte das Volk Israel die Wüste durchwandern, bis es seine Schuld des Zweifels und des Abfalls gesühnt hatte und das ihm verheißene Land betreten durfte. Vierzig Tage und Nächte wanderte Elija durch die Wüste, bis er am Berg Horeb neue Berufung und prophetische Beauftragung erfuhr. Vierzig Tage gab sich Ninive der Buße hin, damit das angekündigte Verderben abgewendet werde. Und selbst Jesus geht vierzig Tage in die Wüste, setzt sich der Einsamkeit und Entbehrung aus, um sich auf seine Zeit der öffentlichen Tätigkeit vorzubereiten.

Die Vierzig wird dem Menschen angeboten, daß er sich besinnt, vielleicht auch sühnt und einen neuen Anfang wagt. Das vierzigtägige Fasten vor Ostern hat auch heute noch einen Sinn, selbst wenn wir großzügiger damit umgehen und die Entbehrungen uns wohl nicht mehr so unter die Haut gehen. Die Durststrecke der ‚Quarantäne' muß durchgestanden werden, damit auch eine Phase des Neubeginns anbrechen kann. Selbst die vierzig Tage, die der Auferstandene – nach dem Zeugnis des Lukas – mit seinen Jüngern noch zusammen ist, haben einen vorbereitenden Charakter: Die Christen der jungen Kirche müssen lernen, auch ohne die sichtbare Gegenwart ihres Herrn auszukommen und die eigenen Aufgaben zu übernehmen.

Ist vielleicht auch der vierzigste Geburtstag ein wichtiger Einschnitt? Jugend und frühes Erwachsenenalter sind vorüber, von den utopischen Zielen muß Abschied genommen werden, aber vielleicht kommt der Sinn für ‚Maß' herauf; die nüchterne Einschätzung des Möglichen und Sinnvollen kann sich durchsetzen, vielleicht wird sogar etwas wie Lebensklugheit und Weisheit sichtbar.

Wenn die Vierzig zur Vier gehört, so die Fünfzig erstaunlicherweise zur Acht. Das hängt mit folgender Rechnung zusammen: Potenziert man die Sieben, so gelangt man zur 49. Das entspricht dem Siebenerrhythmus und dem vertrauten Wochenzyklus. Wer aber dieses zyklische Denken durchbrechen will, muß über die Sieben hinaus zur Acht gelangen. Der fünfzigste Tag gehört nicht mehr zur alten Ordnung, er bezeichnet eine neue Ära.

Im alten Israel war jedes 50. Jahr ein ‚Jobeljahr'. In diesem Jahr mußte den Sklaven die Freiheit gegeben werden, den Schuldnern wurde Erlaß ihrer Schulden zuteil, die Eigentumsverhältnisse und die Besitzstände wurden neu geordnet, Ungerechtigkeiten beseitigt, so daß die Chance der Befreiung und des gnadenhaften Neubeginns möglich wurde.

Im christlichen Festkreis kommt die Fünfzig noch ausgeprägter vor. Die österliche Zeit ist die ‚Pentekoste', die Zeit der fünfzig Tage. Pfingsten ist der Tag, der über die 49 hinausgeht, der fünfzigste Tage aber hat teil am achten Tag der Vollendung. Mit dem Kommen des Heiligen Geistes ist also der übliche Zeitablauf durchschritten, eine neue Qualität ist erreicht, die eigentlich nicht mehr gemessen, sondern gewogen werden muß.

Nun zählen wir ja trotzdem weiter, stoßen auf die 72, auf die 144 usw., das nimmt kein Ende. Aber in gewisser Weise wiederholen sich auch die Bezüge, weil die Schicksale der höheren Zahlen mit denen der elementaren Zahlen verbunden sind. Sie werden weitergesponnen, neu verknüpft, und es werden ihnen neue Facetten abgewonnen. – Aber irgendwann muß man ja auch seine Überlegungen abschließen und muß man seinen Lesern die Möglichkeit geben, den Faden weiterzuspinnen und neue Zusammenhänge zu erkennen. Vielleicht möchte ja jemand herausfinden, was es mit den 99 Namen Allahs auf sich hat oder warum die Zahl 666 in der Apokalypse eine so magische und geheimnisvolle Bedeutung bekommt. Und wenn wir auf das tausendjährige Reich der Chiliasten stoßen, von dem die Johannesapokalypse spricht, dann möchten wir herausfinden, was denn gerade die Tausend soll. Die 1001 Nächte der Scheherezade werfen ja auch Fragen auf. Es bleiben also dem Leser noch weite Räume für Entdeckungen, vielleicht kann er für sich und andere weitere Einsichten gewinnen.

Das Licht und die Farben

Was ist schöner als das Licht,
das, obwohl selbst farblos,
beim Erleuchten
die Farben aller Dinge
hervortreten läßt.
Hugo von St. Viktor

Licht singt tausendfache Lieder,
Gott wird Welt im farbig Bunten
Hermann Hesse

Farben sind Strahlungskräfte,
Energien, die auf uns in positiver
oder negativer Weise einwirken,
ob wir uns dessen bewußt sind oder nicht
Johannes Itten

Stellen wir uns einmal vor, die Welt hätte keine Farben. Der ganze Wirbel der verschiedenen Farbtöne würde uns fehlen, die herrlichen Nuancen, die Kontraste heller und dunkler Töne, all das gäbe es nicht. Wie arm käme uns plötzlich die Welt vor, nur noch ein verwaschenes Grau würde alles beherrschen, eine verschwommene Mischung, die man gar nicht richtig benennen könnte. – Um so mehr freuen wir uns, daß es die ganze Palette der Farben gibt: Die Welt steht uns in ihrer ganzen bunten Pracht gegenüber. Wir freuen uns über das frische Grün des Frühlings, lieben die starken sommerlichen Farben, und wir lassen uns von den feurigen Rot- und Gelbtönen des Herbstes trösten. Und in den Wintermonaten, wenn die Natur nicht viel mehr zu bieten hat als die Schwarz-Weiß-Kontraste, ziehen wir uns selbst farbige Kleider an, um so in unsere Umwelt ein paar farbige Tupfer zu setzen.

Farben gehören zu unserem Leben, sie wecken Gefühle, ermuntern uns, stimulieren unsere Lebensgeister, manchmal erschrecken sie uns auch, es gibt sogar traurige Farben, die uns das Gemüt beschweren können, man denke nur an das bräunliche Vergilben mancher Herbstblumen. Farben haben ihre eigene Sprache; wenn wir auf sie achten, können wir beobachten, daß sie etwas ausdrücken, was nur schwer ins Wort gebracht werden kann: Freude, Jubel, Seligkeit, aber auch Stille, Gelassenheit und Klarheit, Lebenskraft ebenso wie Hoheit und Einsamkeit. – Hat nicht jeder von uns seine Lieblingsfarben? Es mag auch Farbtöne geben, gegen die wir allergisch werden und die wir abzuwehren geneigt sind. Farben beeinflussen unser Befinden, sie steigern oder vermindern unser Gefühlsleben, manche machen uns freudig und erwartungsvoll, andere traurig oder gar mutlos.

Es lohnt sich, für die ‚Sprache der Farben' etwas aufmerksamer zu werden. Von der Eigenart und Wirkung der Farben haben die Menschen immer gewußt, aber wir müssen natürlich damit rechnen, daß nicht jeder den gleichen Geschmack hat, auch das jeweilige Sensorium ist unterschiedlich ausgeprägt. Einer liebt die dezenten und matten Farben, der andere liebt gerade die grellen und deftigen Töne.

Farben gibt es nur da, wo das Licht herrscht. In der stockdunklen Nacht sind nicht nur alle Katzen grau, sondern auch sonst alles, was kreucht und fleucht. Wenn aber auch nur ein Fünkchen Licht ins Dunkel fällt, erwachen auch schon gleich die Farben. Unvergeßlich ist mir in Erinnerung geblieben, wie ich auf einem Berg in Kreta den Sonnenaufgang erwartete: Mit dem ersten Morgenschimmer erwachte das ganze Spektrum der Farben, die Welt wurde ins herrlich-farbige Leben gerufen. Wie habe ich damals die ‚farbenschaffende' Kraft der Sonne bewundert!

Eine uralte Tradition bringt unsere Farbenerfahrung mit dem Schaffen Gottes in Verbindung. Das Licht als solches ist für uns ja nicht sichtbar, es macht aber alle Dinge ansichtig, indem es sie beleuchtet. So ist auch Gott für uns nicht greifbar und unseren Sinnen entzogen, aber er hat alles ins Dasein gerufen und hält die Schöpfung im Dasein. Und wie das Licht durch die Brechung im Prisma in die Farben des Spektrums gleichsam ‚zerlegt' wird, aufgespalten, so daß wir es nun tatsächlich wahrnehmen können, so gibt sich auch Gott in die ‚Brechung', er verkleinert sich aus Gnade, damit wir ihn ertragen können. Der sich in die Minderung gebende Gott gibt sich in seiner Schöpfung zu erkennen, wie das verminderte und aufgespaltene Licht sich in der Farbigkeit anschauen läßt.

In einem Gedicht hat Hermann Hesse diesen Gedanken aufgegriffen:

„Gottes Atem hin und wieder,
Himmel oben, Himmel unten,
Licht singt tausendfache Lieder,
Gott wird Welt im farbig Bunten."

In der farbigen Welt wird etwas von Gottes Geheimnis erfahrbar. Wenn Goethe in seiner Farbenlehre ausgesagt hat: „Die Farben sind Taten des Lichts, Taten und Leiden", so versucht Hermann Hesse, Gottes Wirksamkeit und das Wirken der lichtspendenden Sonne in eine symbolische Beziehung zu setzen:

„So durch unsre Seele wandelt
Tausendfalt in Qual und Wonne
Gottes Licht, erschafft und handelt,
Und wir preisen Ihn als Sonne."

Es lohnt sich, nicht nur Freude über unsere farbige Welt zu empfinden, sondern auch über die Sprache der Farben nachzudenken. Symbole geben zu schauen, sie geben auch zu denken.

Die Farbe Rot

Gibt es sie überhaupt – die Farbe Rot? Oder gibt es nicht vielmehr Hunderte von ganz verschiedenen Rot-Tönen, eine ganze Skala unterschiedlicher Farbwerte, die uns Beschauer in kontrastierende Gefühlsabenteuer hineinführen? Da gibt es das verhaltene und nach innen gewandte Rot, vornehm und erlesen, eine königliche Farbe, die haushoch über uns und dem Alltagstreiben steht. Daneben aber drängt sich das wilde und aktive Rot vor. Im Gelbrot sieht Goethe die aktive Seite der Farben „in ihrer höchsten Energie, und es ist kein Wunder, daß energische, rohe Menschen sich besonders an dieser Farbe erfreuen." Ernst Jünger hat beobachtet, daß auf diese Farbe – wegen ihrer Wirksamkeit – starke Siegel gelegt sind. „Wir begrüßen sie heftig, und wir erschrecken ebenso heftig vor ihr zurück; sie läßt den Lebensatem schneller, aber zugleich ängstlicher wehen."

Vielleicht ist das Rot wirklich von den Menschen als die Farbe schlechthin empfunden worden, als Ausdruck von Leben und Kraft. Schon in prähistorischer Zeit haben sich die Menschen mit Ocker den Körper rot angemalt, sie wollten wohl ihre eigene Lebendigkeit und Kraft betonen, wollten Eindruck machen und anderen das Fürchten lehren. – Auch die Toten bestrichen sie mit roter Farbe, vielleicht sollte damit ihre Hoffnung auf ein Leben nach dem Tod ausgedrückt werden. Wer das Lebensrot nicht verloren hat, kann dem Leben noch nicht völlig entzogen sein.

In der Farbe Rot erleben wir uns selbst und unsere Welt als kraftvoll durchwirkt von Energien. Wir machen Pläne, drängen auf ein Tun, setzen alle Kräfte daran, etwas zu verändern. Können wir uns den starken Willen anders als rot vorstellen, den draufgängerischen Mut des starken Helden? Und es ist wohl nicht verwunderlich, daß auch das Liebesverlangen, die Sehnsucht nach einem Partner, sich in der Farbe Rot ausdrückt. Das Rot der Sehnsucht, das Entflammtwerden durch den Eros, das Verschmelzen der Liebenden: wie viele Facetten das Rot hat.

Aber es gibt auch das gefährliche Rot: Hier wird es nicht gebändigt, sondern bricht sich ungehemmt seine Bahn, im hereinbrechenden Feuer, das alles zerstört, im revolutionären Ungestüm, das verändern will, aber das Vorhandene vernichtet. Wie oft wurden Eroberer von einem Blutrausch erfaßt, so daß alles in ein rotes Chaos gestürzt wurde.

Das vergossene Blut kann auch ein Opferritus sein, als Sühne für eine Schuld, als Ausdruck der Dankbarkeit für die empfangenen Gaben. Und selbst das vergossene Blut kann verstanden werden als ein notwendiges Opfer, damit ein neuer Anfang gewagt werden kann. Das Rot ist eine ‚Wandlungsfarbe', sie steht für die Verwandlung im Reifungsprozeß. So wie das Erz rotglühend wird, damit Eisen und Stahl gewonnen werden können, so muß auch der Mensch einen schmerzlichen Wandlungsvorgang durchstehen.

Im antiken Mythos wird erzählt, daß Prometheus das Feuer den Göttern weggenommen und es den Menschen gebracht hätte, er lehrte sie auch, damit umzugehen und eine Kunst und eine Technik zu entwickeln. Das rote Feuer ist etwas Gefährliches, es muß sorgsam gehütet und verantwortlich eingesetzt werden. In manchen Religionen gibt es wohl deshalb auch das heilige Feuer im Tempel, das für die Nähe der Götter steht.

Nun ist es auffällig, daß Jesus Christus als Feuerbringer verstanden wird. „Ich bin gekommen, Feuer auf die Erde zu werfen, und ich wollte, es loderte schon empor" (Lk 12, 49). Und in einem außerbiblisch überlieferten Jesuswort heißt es sogar: „Wer mir nahe ist, ist dem Feuer nah." Wir haben offensichtlich das rote Feuer nötig, Jesus kommt, um es auf die Erde zu werfen, und wir sollen uns von diesem Feuer durchglühen lassen.

Das Rote ist aber auch versehrbar, es ist ein vom Tod bedrohtes Lebenszeichen. Wie schnell verwelken die herrlichen roten Blüten, aus dem leuchtenden Rot wird plötzlich eine schäbige und schmutzige Farbe. Ist das der Grund dafür, daß manche Menschen eine Scheu vor dem Rot haben? Es ist ihnen zu viel Leidenschaft darin, ein ungestümes Aufbrausen, das ihnen angst macht.

Aber das Rot steht nun einmal für die Aufgipfelung des Lebens. Nur wer sich für etwas begeistern kann, wer entbrennt für eine große Sache, gewinnt sein Leben und kommt zu seiner wahren Gestalt. Und auch die Erleuchtung ist nur zu erlangen, wenn sich einer dem heiligen Feuer aussetzt. Tröstlich ist es, daß es auch ein hoheitsvolles Rot gibt, das königliche Purpur strahlt einen ruhigen Glanz aus, jenseits aller Hektik.

Die Farbe Blau

Während das Rot in den meisten Nuancen auffällig ist und uns mit Vehemenz seine Gegenwart signalisiert, ist das Blau häufig schwer faßbar, verschwimmend, in die Tiefe ziehend. Vor allem der blaue Himmel ist geradezu der Inbegriff der unendlichen Tiefe; seine unermeßliche Weite kann uns trösten, aber auch ängstigen: Durch seine Grenzenlosigkeit scheint alles zu zerfließen und uns in seine unfaßbare Tiefe zu ziehen. Und ganz ähnlich geht es uns, wenn wir in die Tiefe eines Sees oder des Meeres schauen. Das Blau wird immer dichter und dunkler, so steht es für alles, was sich uns als Geheimnis darbietet.

„Blau ist die Farbe der äußersten Orte", sagt Ernst Jünger, „und der letzten Grade, die dem Leben verschlossen sind, so des Dunstes, der in das Nichts verfliegt, so des Firneises und der Kerne der Stichflammen." – Haben wir eine Phase aktiven Lebens hinter uns, sind wir im äußeren Tun verausgabt, dann mag es sein, daß wir in uns eine ausgesprochene Sehnsucht nach dem ruhigen, heilsamen Blau verspüren. Das Rot hat uns aktiviert und zum Tun angeregt, nun sorgt das Blau für Entspannung, es hat eine versammelnde Kraft. Und wenn das hektische Leben uns in die Unruhe getrieben hat, so läßt uns das Blau bei uns selber einkehren: Wir dürfen das seelische Leben wahrnehmen und in Sammlung und Stille ‚bei uns selbst zu Hause sein'.

Bekanntlich haben alle Symbole ihre Doppeldeutigkeit. Ein Übermaß an Blautönen macht uns nach einiger Zeit trübsinnig und traurig. Vielleicht kommen wir uns vor, als säßen wir in einem Käfig, würden zur Stille verurteilt und auf uns selbst zurückgeworfen. Dann wird es Zeit, daß wir zur Buntheit des Lebens zurückkehren und das geruhsame Blau mit der Fülle anderer Farben mischen. Zur Fülle des Daseins gehört die ganze Palette, die Wärme wie die Kälte, die Ruhe wie die Unruhe, das Aus-sich-Heraustreten wie das Sich-nach-innen-Wenden.

Im Grunde muß jeder in sich selbst hineinhorchen, ob er als extravertierter Mensch immer nur die bunten Akzente setzt und nun auch einmal den ‚blauen' Gegenpol betonen müßte, oder ob er sowieso immer nur das gedämpfte Blau bevorzugt und nun endlich einmal die anderen Farben der Palette entdecken sollte.

Ist es nicht so, daß wir Gegenwartsmenschen ganz allgemein zum Übereifer und zur Unruhe neigen? Dann haben wir wohl ganz besonders die Begegnung mit dem ruhigen Blau nötig, um der Weite und Tiefe konfrontiert zu werden, so daß wir schweigsam werden. Plötzlich kommen wir auch dem Geheimnishaften näher, über das nicht leichthin geschwätzt werden kann. Blau ist die Farbe, die am ehesten der Welt des Geistes und der Verborgenheit des Mysteriums vorbehalten ist. Vor allem in den Glasfenstern gewinnt das Blau manchmal eine erstaunliche Transparenz. Wer die Kathedrale von Chartres kennt oder auch die Chagallfenster in der Mainzer Stefanskirche, wird sich vielleicht erinnern, wie hier die verschiedenen Blautöne den Betrachter in ein erfülltes Schweigen bringen.

Manche empfinden das Blau als die eigentliche Farbe des religiösen Lebens, weil es uns in die Stille führt und uns das Umfangen des unsichtbaren Gottes deutlich macht. Die Luft, die wir atmen, ist nicht sichtbar, aber wir brauchen sie immerzu, um leben zu können. Im Firmament des blauen Himmels können wir am ehesten den Sauerstoff unseres Atems erahnen. So sind wir auf den unsichtbaren, aber uns gnädig zugewandten und uns umfangenden Gott angewiesen.

Auch das Blau hat ein reiches Spektrum von Zwischentönen. Die dunkleren Blautöne haben vor allem Tiefe, vielleicht auch etwas Abgründiges, was den Eindruck des Unheimlichen heraufrufen kann. Die Melancholie ist wohl am ehesten dieser Farbe zuzuordnen. Die helleren Blautöne haben mehr Licht und Fröhlichkeit. In Guardinis Tagebuch findet sich folgender Eintrag: „Ich habe mir eine kleine blaue Schale gekauft und war fröhlich damit. Blau macht mich fröhlich. In der Galerie ... nebenan sah ich einen großen blaugemalten chinesischen Teller. Vielleicht kaufe ich mir ihn. Es ist wirklich so: Blau ist fröhlich."

So verschieden also kann das Blau wirken: den einen erinnert es an das eisige Blau der winterlichen Kälte, wo alles Leben gefriert, den anderen an die blaue Blume der Sehnsucht, den dritten an hohe und abstrakte Geistigkeit, den nächsten aber macht es einfach fröhlich.

Das Gelb und das Gold

Die Farbe, die in unserer Erfahrung dem Licht und der klaren Sonne am nächsten kommt, ist das helle, strahlende Gelb. Und wenn die Maler den – letztlich undurchführbaren – Versuch machen, die Sonne mit künstlerischen Mitteln einzufangen, dann sind sie auf die Gelbtöne angewiesen. Der heraufkommende Tag färbt die Welt vor allem mit gelblichen und rötlichen Tönen. Und wenn es Frühling wird in der Natur, dann sind es in besonderer Weise die gelben Blumen, die alles verwandeln.

Aber merkwürdigerweise gibt es auch eine kontrastierende Erfahrung. Das Gelb hat nicht nur einen Morgenaspekt, eine lebensfreundliche und freudige Seite, sondern auch einen Abendaspekt, eine Herbstseite. Die Früchte werden gelb, wenn sie reif werden, die Blätter vergilben, wenn sie absterben. Und auch wir Menschen bekommen bei manchen Krankheiten eine gelbliche Tönung. Wenn einer an den Rand des Todes geführt wird, nimmt sein Gesicht häufig ein fahles Gelb an.

Ist es diese große Spannweite, diese ‚wetterwendische' Eigenschaft, die dazu geführt hat, mit der Farbe Gelb auch den Neid und die Falschheit zu verbinden? Dem Gelb war offenbar nicht recht zu trauen: Eben noch hatte es einen strahlenden Charakter, nun auf einmal wird es eine schmutzige Farbe, die uns eher abstößt als anzieht.

Und trotzdem fasziniert uns das Gelb immer wieder neu, vor allem dann, wenn wir nach einer langen Winterperiode die grauen Töne recht leid sind und die ersten Frühlingsblumen neue Akzente setzen und unseren Lebensmut anregen. Der Raum weitet sich, das Licht flutet in unsere Welt. – Die Faszination des Gelbs kann allerdings so weit gehen, daß wir gleichsam geblendet werden. Wenn Kandinsky von der „scharfen Trompete" des Gelbs spricht und sogar an den Wahnsinn denkt, der sich in dieser Farbe ausdrückt, ist diese Neigung zur Maßlosigkeit gemeint. So hat das Gelb eine Lebensseite, die mit der Lichthaftigkeit zu tun hat, aber auch eine Todesseite, an die wir erinnert werden, wenn wir an das gelbe Gift denken, welches den Tod bringen kann. Seltsam, wie uns die gleiche Farbe in Himmel und Höllen führt.

Eine Aufgipfelung erfährt das Gelb im Gold. Hier glänzt und strahlt diese Farbe und bekommt eine eigentümliche Hoheit. Es ist nicht zu verwundern, daß in manchen Kulturen das Gold mit der Sonne in Verbindung gebracht wird. Und weil die Sonne als der sichtbar werdende Repräsentant Gottes galt, hat man auch dem Gold eine numinose Bedeutung beigemssen: Es war letztlich den Göttern vorbehalten. Deshalb waren vor allem die Götterstatuen und die Kultgeräte aus Gold geformt. Und höchstens die Könige maßten sich an, sich dieses edle Metall zu eigen zu machen.

Der Drang nach Gold, die Gier, durch den Gewinn eines Goldschatzes reich zu werden, hat viel Unheil über die Menschen gebracht. Manche Menschen waren verrückt nach diesem Metall, Raubzüge wurden unternommen und Verbrechen verübt, um zu diesem gleißenden Stoff zu kommen. Und wer es sich angeeignet hat, wurde vielleicht auch hochmütig und herrschsüchtig, eitel noch dazu. – Aber wir wollen nicht vergessen, daß die Künstler aus diesem Metall wunderbare Werke geschaffen haben. Auch wer nicht dem verführerischen Zauber des Goldes erliegt, wird seine Schönheit und seinen Reiz bewundern.

Die Menschen haben wohl immer gemerkt, daß das Gold einen Zauber auslöst und über unser irdisches Leben hinausweist. Auf den ‚Goldkindern' liegt die Hoffnung. Und wenn die Seher versucht haben, den Sehnsüchten von einer vollkommenen Welt Ausdruck zu geben, dann haben sie vom ‚goldenen Zeitalter' gesprochen, haben eine ‚goldene Stadt' gesehen, die unvergänglich ist und ihre Herrlichkeit nicht einbüßt. Wir träumen voraus und erhoffen den Aufgang einer goldenen Sonne, die nicht mehr untergeht. Christus wird die ‚Sonne der Gerechtigkeit' genannt, das ‚Licht der Welt'. Über die Jahrhunderte hin haben die Künstler Christus mit einem goldenen Nimbus gemalt und mit ihren Mosaiksteinen geformt.

Solange wir in dieser wechselvollen und spannungsreichen Welt leben, müssen wir das Gelb in seiner ganzen Spannungsbreite aushalten, finden das Gelb der Krankheit und des Schmutzes vor, das fahle Gelb der Todesnähe, aber auch das Gelb des strotzenden Lebens, die strahlende Lichtfülle der Sonne. Ist es nicht tröstlich, daß die Spannweite dieser Farbe von dem giftigen Gelb des Schwefels bis zur kraftvollen Ausstrahlung des Goldes reicht?

Grün und Grünkraft

Wo in der Natur etwas wächst, kommt es grün aus der Erde. Grün sproßt das Gras, grün das Getreide, die Bäume begrünen sich, wenn die Blätter sprießen. Im April und Mai verwandeln sich Wald und Flur in eine üppige grüne Welt. Auf diesem saftigen Hintergrund wird dann alles mit der Farbigkeit der Blüten und Blumen gesprenkelt und geschmückt.

Während andere Farben uns zwar anziehen und reizen, erfreuen und in Bewegung setzen, das Rot und das Gelb vor allem, hat das Grün auf uns eine andere Wirkung: Wir werden gleichsam von ihm umfangen, können darin eintauchen und verharren. Die grüne Farbe ist – jedenfalls in den meisten Nuancen – nicht aufdringlich, sie ist wohltuend präsent, tritt aber auch zurück, bildet den Hintergrund, wird zur kaum noch bemerkten Szenerie für die aktiveren und aufdringlicheren Farben.

An einem heißen Sommertag tauchen wir wirklich in das dunkle Grün der Wälder ein, suchen den Schatten und die Stille, genießen es, von der Milde und tröstlichen Gelassenheit des grünen Halbdunkels umfangen zu werden. Es erscheint uns auf einmal ganz pausibel, daß unsere Vorfahren ihre Götter in den grünen Hainen verehrt haben, daß wir uns den Beginn der Menschheitsgeschichte in einem paradiesischen Grüngarten vorstellen.

Allerdings gibt es auch ein gefährliches Grün, das uns zum blinden Untertauchen verleitet. Das wuchernde Grün (etwa der tropischen Vegetation) dringt überall hin und überwächst alles. Gefährlich ist es deshalb, weil alles dem blinden Wachstumstrieb überlassen wird und es keine geistige Instanz mehr gibt, die den Dschungel lichtet. Mir fällt dazu ein Märchenmotiv ein: Dornröschens Schloß ist grün zugewachsen: Es muß erst der Prinz kommen, er muß die wuchernde Hecke durchbrechen, um das schlaftrunkene

Mädchen aus seiner Unbewußtheit herauszuholen, damit es ins geistige und personale Leben eintreten kann.

Auch ein anderes Grün hat noch einen vorläufigen Charakter: das junge, unreife Grün der Früchte. Es muß erst die Sonne kommen und die Reifungsarbeit leisten, damit die Erntezeit eintreten kann. So notwendig also das frische, junge Grün ist, so sehr wir uns über das neu heraufkommende Leben freuen: grüne Anfänger sollen wir nicht bleiben. „Als ich ein Mann geworden war, legte ich das Kindhafte ab", sagte Paulus (1 Kor 13,11).

Wehe aber, wenn der menschliche Geist von der Kraft des Grünen abgeschnitten wird, dann kann er sich nicht erneuern, er verdorrt und geht zugrunde. Hildegard von Bingen hat in ihrem theologischen und naturwissenschaftlichen Werk immer wieder die ‚viriditas' beschworen, die schöpferische Grünkraft. Sie sieht darin sowohl die Lebensfrische und elementare Naturkraft als auch das ‚Ergrünen' der menschlichen Seele und des Geistes. Diese mittelalterliche Äbtissin sah im schöpferischen Wirken des Grüns den Finger Gottes: „Ich sah, wie aus der zarten Luftschicht eine Feuchtigkeit über die Erde hin entströmte, welche die Grünkraft der Erde wiedererweckte und alle Früchte keimträchtig und zeugungskräftig werden ließ." Auch im Denken des Menschen soll sich diese Wirksamkeit entfalten: „So rührt es seine Grünkraft, auf daß es viele Früchte der Heiligkeit hervorbringe."

Unsere Sehnsucht nach dem Grün ist das Verlangen nach Erneuerung. Wir wollen nicht vertrocknen und erstarren, sondern erhoffen immer wieder das Grün des frischen Wachstums. Was schon die alten Ägypter wahrnahmen, den Wechsel von Tod und Leben, von Untergang und Erneuerung, was die Alten in ihren Mythen feierten und in ihren Kulten darstellten, das bestimmt uns in gewisser Weise auch heute noch. Beim gläubigen Christen verdichtet sich diese Hoffnung vor allem als Erwartung des Heiligen Geistes, der uns befruchten und erneuern und verwandeln soll.

Wie weit wir es mit unserer eigenmächtigen Verwandlung der Welt gebracht haben, können wir an unseren sterbenden Wäldern und aussterbenden Pflanzenarten sehen. Es wird hohe Zeit, daß wir uns auf die elementare ‚Grünkraft' besinnen, daß wir Respekt bekommen vor Gottes Schöpfung, die in dem unermüdlichen grünen Wachstum zum Vorschein kommt. Wie tröstlich, daß Gott immer noch seine Sonne scheinen, daß er es immer noch wachsen läßt auf unserer Erde.

In einem Gedicht von Reiner Kunze heißt es:

„Was machst du, fragt Gott
Herr, sag ich, es
regnet, was
soll man tun
Und seine Antwort wächst
grün durch alle Fenster."

Schwarz und Weiß

Sind Schwarz und Weiß überhaupt Farben? Eigentlich nicht. Das Schwarz ist sogar die Leugnung der Farbe, die Verweigerung des farblichen Ausdrucks. In einer nachtschwarzen Welt fehlt zur Entfaltung der Farben ja das Licht, alles wird gleichsam von der Schwärze verschluckt. – Aber in unserer Wirklichkeit gibt es das absolute Schwarz nicht, sondern nur die relativen Schwarztöne, die Schattenseite unserer Lichterfahrung. Weil aber unsere Sehnsucht im allgemeinen nach dem Licht und nach der bunten Fülle geht, versehen wir das Schwarz gerne mit einem negativen Vorzeichen, es steht für die Finsternis, für den Tod, vielleicht auch für das Nichts.

Die alten Griechen nannten die Unterwelt den ‚Hades', es ist der Ort, wo man nicht sehen kann, weil es kein Licht gibt. Und weil ein solcher Ort erschreckt, alles Leben ist ja erstorben, kann er nur als trostloser Bereich angesehen werden. Im absoluten Schwarz kommen alle Licht- und Farbimpulse zu ihrem Ende, so daß eine Todeszone entsteht. In den alten Mythen hat man sich den Weltverlauf als dauernden Kampf des Lichtes mit der Finsternis vorgestellt, die schwarze Finsternis will das Licht verschlingen. Deshalb stellen wir uns auch heute noch den Teufel schwarz vor.

Aber es gibt wohl auch ein anderes Schwarz, ein tröstlicher Schattenbereich, die aufnahmebereite Nacht, die uns gnädig empfängt, damit wir uns regenerieren können. Aus der Nachtschwärze kann auch neues Leben heraufkommen, eine Wiedergeburt wird uns geschenkt. Niemand kann immer im Lichtbereich bleiben, in der Bewußtheit des Daseins, der Abstieg in die unbewußten Zonen des Schlafes und des Traums ist nötig. Nur darf ich nicht in der schwarzen Nachtwelt bleiben, sondern muß wieder aufsteigen in den Tag, zum Licht, ins bewußte Leben.

Auch das Weiß gehört nicht eigentlich zum Spektrum unserer Farbskala. Nach der Auffassung der Alten ist Weiß die Summe aller Farben. Es steht dem Licht ganz nah, bevor es sich in die Fülle der Farben gebrochen hat. Das Weiß ist eine lichte Leere, die auf etwas wartet: Das weiße Blatt ist unbeschrieben und kann nun Schrift und Bild aufnehmen. Der weißgestrichene Raum wartet darauf, von uns bezogen zu werden.

Aber das Weiß kann auch die Fülle darstellen, ein Aufgipfeln unserer Erfahrungen. Irgendwann sind wir das bunte Vielerlei leid und sehnen uns vielleicht nach dem Weiß der Vollendung. Alles ist darin aufgehoben und zum Ziel gelangt. Wenn der auferstandene Christus mit einem weißen Gewand gezeigt wird, wenn die Engel als weiße Gestalten erscheinen und die Heiligen der Vollendung weiße

Gewänder bekommen, so ist dieses zum Ziel gekommene Weiß gemeint: Die bunte Welt mit ihrem Durcheinander kann zurückbleiben und die strahlende Einfachheit heraufkommen.

So ist also die weiße Farbe ein Anfangs- und ein Endsymbol. Das Weiß kann uns an die kalte Eiswelt erinnern, die polare Zone, in der kein Leben möglich ist, aber auch an die Vollendungswelt, wo Gott „alles in allem" geworden ist (1 Kor 15,28). In diesem Weiß der Endgestalt müssen nicht mehr viel Worte und Töne gemacht werden, das große erfüllte Schweigen darf anbrechen.

Aber soweit sind wir ja noch nicht. Zu unserer jetzigen Erlebniswelt gehören alle Farben der Palette, und das Schwarz und das Weiß gehören auch dazu. Alle Nuancen und Schattierungen, alle Mischungen und Zwischentöne geben einem Aspekt dieser Welt einen bestimmten Ausdruck. Keinen Farbton wollen wir missen. Und wir finden die Farben nicht nur draußen, sondern auch in uns selbst angelegt. Was wäre das für ein verkümmerter Mensch, in dem das Rot fehlen würde oder das Gelb. Und ein unbeschriebenes Blatt wollen wir auch nicht bleiben. Die ‚farblosen' Menschen, die eifersüchtig darauf bedacht sind, ihre ‚weiße Weste' sauber zu erhalten, sind es nicht weltfremde Wesen, denen jede Fülle und Herzhaftigkeit abgeht?

Zugegeben, auch die grelle Farbigkeit kann uns verwirren, wenn wir von aggressiven Farben angesprungen werden, deren schreiende Wirkung uns eher verärgert als erfreut. Um so mehr können wir glücklich werden, wenn sich die Farben so zueinanderfügen, daß ein harmonisches Gesamt entsteht, ein fröhliches Konzert der Vielfalt unserer Welt. Hermann Hesse hat es so eingefangen:

„Weiß zu Schwarz, und Warm zum Kühlen
Fühlt sich immer neu gezogen,
Ewig aus Chaotischem Wühlen,
Klärt sich neu der Regenbogen."

Das Kreuzzeichen

Ausgespannt hat Gott
am Kreuz seine Hände,
um die Grenzen der Oikumene
zu umarmen
Kyrill von Jerusalem

Das Kreuz zeigt die göttliche Ordnung an,
aber nicht minder auch die kosmische
und irdische heilsame Ordnung
Alfons Rosenberg

In unseren Kirchen hängt das Kreuz meist an bevorzugter Stelle, beim Triumphbogen, dem Übergang zwischen Kirchenschiff und Chor, oder es steht auf dem Altar. Das Kreuz ist ein Mittelpunkt unserer Frömmigkeit, alles läuft darauf zu, versammelt sich davor, findet in ihm das Zentralsymbol unserer Erlösungsgeschichte. „Ich will mich allein des Kreuzes Jesu Christi, unseres Herrn, rühmen", sagt deshalb Paulus (Gal 6, 14). Wenn das Kreuz so sehr zum Inbegriff unseres Glaubens geworden ist, dann war es sinnvoll, es überall aufzurichten, an den Straßen und Feldwegen als Gedenkzeichen, in den Friedhöfen als Signal unserer Hoffnung, auch in unseren Wohnungen als Mahnmal der Verbundenheit im Glauben.

Kein anderes Motiv ist in der christlichen Kunst häufiger dargestellt worden, es wurde abgewandelt und vielfältig variiert, realistisch ausgeführt und zeichenhaft abstrahiert, mit dem leidenden Heiland und mit dem triumphierenden Christus dargeboten, häufig auch ohne Corpus, das Zeichen allein sollte wirken. Die Maler haben oft eine bewegte Szene ins Bild gebracht, die Landschaft, den Berg Golgota, die Stadt Jerusalem im Hintergrund, die schaulustige Menschenmenge. Manche spätmittelalterlichen Darstellungen zeigen ein solches Gewimmel, so viele Einzelheiten, daß man das Kreuz (oder besser: die drei Kreuze) erst suchen muß. Andere Künstler haben sich allein auf das Kreuz Jesu konzentriert: Auf den leidenden Jesus sollen wir schauen, der stellvertretend unsere Schuld auf sich genommen hat, um uns Heil zu vermitteln.

Weil das Kreuz so sehr zum Urzeichen der christlichen Überlieferung geworden ist, vergessen wir allzuleicht, daß es auch ein Urzeichen der Menschheit ist, jahrtausendealt und überall auftauchend. Wir sollen also auch aufmerksam werden für die Kreuzgestalt, die sich in der vorchristlichen Welt findet, die außerhalb unserer eigenen religiösen Vorstellung beobachtet werden kann. Schon die ältesten Steinritzungen archaischer Kulturen zeigen die Kreuzgestalt. Und wenn wir auch nicht mit Sicherheit sagen können, was die Menschen dieser Frühzeit damit für Gedanken verbanden, ist es naheliegend, daß sie es als elementares Symbol begriffen: Die Horizontale und die Vertikale treffen sich. Die ‚Kreuzung' ist ein Schnittpunkt der Dimensionen. Unser Leben ist von Spannungen bestimmt, von Gegensätzen, die nicht leicht zu einem Ausgleich zu führen sind. Oben und Unten, das Außen und das Innen, Kälte und Wärme, das Vorwärtstreibende und das Beharrende. Diese gegensätzlichen Pole finden wir auch in uns selbst, die Linke und die Rechte, das Aktive und das Passive, die Verstandesseite und die Gefühlsseite usw. Das Kreuz läßt sich als Zeichen der Verbindung verstehen: In ihm treffen sich die Gegensätze, sie vereinigen sich, ohne sich in ihrer Eigenart aufzugeben. Gerade weil wir von den Spannungen oft zerrissen werden und die Pole des Daseins nicht in eine fruchtbare Zuordnung bringen können, haben wir ein Zeichen nötig, das uns – symbolhaft – einen solchen Ausgleich andeutet.

Das Kreuz ist also ein Begegnungszeichen: Ich kann mich nicht mit der Atomisierung der Welt abfinden, ich halte das allgemeine Chaos nicht für das Letzte, sondern suche nach einer inneren Struktur, nach der Zu-ordnung der Dinge. In der Kreuzgestalt wird mir ein ‚Koordinatenkreuz' angeboten: Nun kann ich alles orten, jedem Ding und jedem Phänomen einen Platz zuweisen. Die Vielfalt zerreißt mich nicht mehr, ich finde einen Ruhepunkt, der aber die Spannungspole ins Gleichgewicht bringt.

Mir geht es so: Wenn ich von innerer Unruhe gepackt bin, nervös und fahrig, wenn ich alles durcheinanderbringe oder nicht weiß, was ich jetzt als erstes machen soll, weil die vielen Aufgaben mich bedrängen, dann setze ich mich irgendwohin und suche mir ein Kreuz. Es muß kein künstlerisch gestaltetes Kreuz sein, es genügt mir unter Umständen auch ein Fensterkreuz, das Kreuzmuster auf dem Pflaster, sogar die Kreuzstruktur einer Fernsehantenne. Dann versuche ich, alle Unruhefaktoren auf dieses Kreuz zu konzentrieren. Und siehe da, nach einiger Zeit ordnet sich das Chaos, es zieht eine größere Gelassenheit und Ruhe ein, das Unwichtige kann vom Wichtigen unterschieden werden. Ich komme wieder zu mir, finde meine eigene Mitte, kann mich auf mein Zentrum besinnen. Die wild herumvagabundierenden Ideen beruhigen sich, alles kann zu seinem Ort kommen. Aus dieser Gelassenheit kann ich auch wieder zu einem sinnvollen Tun kommen. Das ist die einfachste Form der ‚Kreuzmeditation'.

Die Kreuzgestalt in der Leiberfahrung

Weil das Kreuz eine Gabelung darstellt, die Verbindung verschiedener Erstreckungen, deshalb steckt es überall drin, wo etwas Halt gewinnen soll. Wenn senkrechte und waagrechte Linien miteinander verbunden werden, ergibt sich ein Kreuz, das als statische Grundfigur dienen kann, haltbar, belastungsfähig, stabil. Auch der menschlichen Leiblichkeit ist die Kreuzstruktur eingefügt. Unsere Schultern bilden die Waagrechte, und wenn wir die Arme ausstrekken, dann verstärken wir noch die Horizontale. Die aufgerichtete Wirbelsäule betont die Vertikale, wir stellen uns hin, müssen uns um einen festen Stand auf der Erde mühen, damit wir nicht umfallen und wanken. Nun erleben wir die Offenheit nach oben, die herrliche Freiheit des Stehenkönnens.

Betonen wir die Senkrechte in unserer Leiberfahrung, dann geht uns vor allem unser unverwechselbares Personsein auf, die ‚Namentlichkeit' der eigenen Existenz. Jeder muß für sich stehen, sich auf das besinnen, was in ihm angelegt ist und entfaltet werden soll. Die Waagrechte setzt uns dagegen in Beziehung zu den anderen: wir nehmen Kontakt auf, lassen uns beistehen und schauen, wo wir gebraucht werden. Beide Erfahrungen sind – jeweils für sich – wichtig, aber zum konkreten Leben gehört es, daß wir Einzelwesen *und* Gemeinschaftswesen sind.

Auch im Glaubensleben kommt dieser Doppelbezug zur Auswirkung. Insofern jeder mit seinem Gott in einen Dialog eintreten kann, *steht* er ausschauend und antwortend seinem Gott als Aufrechter gegenüber. „Stell dich auf deine Füße, denn ich will mit dir reden", so hört es Ezechiel. Er wird in die Vertikale gerufen. – Aber als Gemeinschaftswesen öffnen wir uns nicht nur nach oben, sondern auch nach den Seiten. Wir strecken die Arme nach rechts und links aus und bekommen Verbindung zu Brüdern und Schwestern. Was in der gläubigen Öffnung nach oben begründet wurde, wirkt sich nun im sozialen Dienst nach allen Seiten hin aus.

Aber wir müssen noch einmal ansetzen. In der Konstitution unseres Leibes unterscheidet man zwei Kreuze: das ‚untere Kreuz' befindet sich da, wo unsere Wirbelsäule im Becken eingewurzelt ist, das ‚obere Kreuz' wird von den Schultern und der Halswirbelsäule gebildet. Während das untere Kreuz durch seine Festigkeit ausgezeichnet ist, wird das obere Kreuz durch seine Beweglichkeit charakterisiert. Die beiden Kreuze sind in gewisser Weise die Pole unserer Existenz. Das untere Kreuz wird von dem Symbolforscher Alfons Rosenberg gerne der Triebpol genannt, weil dort die kollektiven Kräfte zentriert sind, die Regenerierung des Körpers vor sich geht und das Geschlecht seinen Sitz hat. Das obere Kreuz wird von Rosenberg der Geistpol genannt, weil dort Freiheit herrscht, die Sinnesorgane ihren Platz haben, der Atem sich entfalten kann. Das untere Kreuz hat stabilen Charakter, muß geschützt werden, das obere Kreuz ist der Ausgangspunkt unserer Aktivität, die Arme sind der Inbegriff unseres ‚Handelns' (was ja mit ‚Hand' zu tun hat).

Auch diese beiden Pole stehen oft in einer Spannung zueinander und müssen in eine lebendige Zuordnung gebracht werden. Weder der Triebpol noch der Geistpol dürfen eine absolute Dominanz haben, beide sind wichtig und sind aufeinander bezogen, voneinander abhängig.

Es ist gut, sich manchmal auf seinen Leib zu besinnen, seiner elementaren Grundspannung nachzuspüren. Und weil unser Körper ja seine eigene Sprache hat und sich durch Gesten ausdrücken kann, deshalb ist es sinnvoll, nicht nur über seinen Leib nachzu*denken,* sondern seinen Leib auch sprechen zu lassen. Die Christen der ersten Jahrhunderte haben vor allem in der Orantenhaltung gebetet, sie haben also ihre Arme geöffnet, sie ausgebreitet und damit ihre Offenheit zum sichtbaren Ausdruck gebracht. So schlicht diese Geste ist, so eindrucksvoll ist sie. Wenn wir uns jeden Tag auch nur ein paar Minuten mit ausgebreiteten Armen hinstellen, wenn wir also die Kreuzgestalt unseres Leibes damit betonen, verändert sich etwas mit uns. Vielleicht können wir unsere innere Verspannung und Zugesperrtheit verlieren und eine neue Mitte gewinnen.

In einem frühchristlichen Hymnus, der 27. Ode Salomos, wird übrigens die Gebetsgebärde der ausgestreckten Arme eindrucksvoll gedeutet:

„Ich streckte die Hände aus und weihte mich dem Herrn,
denn das Ausbreiten der Hände ist sein Zeichen.
Und *mein* Ausstrecken ist das ausgestreckte Holz."

Das Kreuz: Lebenszeichen und Todeszeichen

Es ist schon ein paar Jahrzehnte her, daß ich beim Besuch einer Ausstellung frühmittelalterlicher Kunst auf ein Vortragekreuz stieß, dessen Faszination bis heute vorgehalten hat. Ich betrachtete zunächst seine verhältnismäßig unscheinbare Rückseite: In das silberne Kreuz war die Gestalt des leidenden und sterbenden Heilands geritzt. Der Betrachter wurde mit dem Tod Jesu konfrontiert. – Als ich aber auf die andere Seite der Glasvitrine trat, verwandelte sich das Kreuz auf erstaunliche Weise. Die Vorderseite war nämlich über und über mit Perlen und Edelsteinen geschmückt, es gab kleine Bilder in farbigen Emailschmelz, vor allem aber war hier kein schmerzhaft verkrümmter Christus zu sehen, sondern ein strahlender und sieghaft triumphierender. Eigentlich konnte man auch nicht mehr sagen, daß er am Kreuz hing, er stand vielmehr, benutzte das Kreuz als seinen Thron. Seine Arme waren ausgebreitet, aber nicht schmerzhaft gedehnt, ans Holz genagelt, aber mit der Geste des Umfangenden, er umgriff die ganze Welt.

Diese beiden Seiten also hat das Kreuz: es ist zunächst einmal ein Todeszeichen, dann aber wandelt es sich zum Lebenszeichen. In der Antike war die Kreuzesstrafe eine schreckliche und quälende Form der Hinrichtung. Die Delinquenten sollten in aller Öffentlichkeit ihre Strafe büßen, sollten am Marterholz hängen, bis sie verbluteten oder erstickten. Jesus ist diesen schrecklichen Tod gestorben. Die Maler hatten recht, wenn sie dieses Geschehen realistisch dargestellt haben, wenn sie die verkrampften und schmerzverzerrten Glieder nicht idealisierten und verharmlosten. Wer den Gekreuzigten beim Isenheimer Altar betrachtet, kann sich der Erschütterung nicht entziehen, die dieses Bild auslöst. – Das Kreuz beendet das Leben, deshalb machen wir auch heute noch ein Kreuz hinter den Namen eines

Verstorbenen. Und alles das, was uns belastet und beschwert, was uns niederdrückt und quält, nennen wir unser Kreuz. Wenn uns die eigenen Pläne nicht gelingen, dann sagen wir, sie werden ‚durchkreuzt'. Das Kreuz steht also für all das Schwere und Niederschmetternde in unserem Dasein.

Nun hat aber das Kreuz Jesu auch diese andere Seite, aus dem Untergang wird ein strahlender Beginn, das Todesgeschehen wandelt sich zu einem neuen Leben. Das ist der Grund, warum die Künstler des Mittelalters sich nicht genugtun konnten, das Kreuz kostbar auszuschmücken. Aus dem Marterholz des Kreuzes wurde der herrscherliche Thronsitz des Menschensohnes, aus der Dornenkrone wurde die königliche Krone, die Goldschmiede machten aus dem Kreuz ein himmlisches Jerusalem. Und andere Bildschnitzer stellten das Kreuz als einen Baum dar, Jesus wurde zur Frucht an diesem Baum.

Für unser Kreuzverständnis ist es wichtig, daß wir keine dieser beiden Seiten vernachlässigen und vergessen. Erst dadurch, daß es zwei Seiten hat, bekommt es für uns seine Symbolkraft. Wir werden mit Jesus einen Kreuzweg geführt, werden mit ihm ans Kreuz geheftet. Aber wir haben auch die Zuversicht, daß sich das Todeskreuz zu einem Lebenskreuz wandelt. Paulus weist darauf hin, daß den einen das Kreuz eine Torheit ist, eine Narretei, den anderen aber, die darauf vertrauen, ein Zeichen von Gottes Kraft (1 Kor 1, 18). Die Christen der ersten Jahrhunderte wurden spöttischerweise die ‚cruciolae' genannt, die Kreuzelschreiber, weil sie überall dieses Zeichen angebracht und sich selbst damit bezeichnet haben. Die älteste Kreuzdarstellung der frühchristlichen Zeit überhaupt ist ein Sgrafitto, eine verspottende Ritzzeichnung, auf der ein gekreuzigter Esel abgebildet ist. ‚Schaut sie euch an, diese törichten Kreuzverehrer', so dürfen wir diese Zeichnung verstehen, ‚die solch einen armseligen gekreuzigten Eselstropf als Messias verehren.' Die Christen dagegen waren stolz auf das Kreuz, es war für sie zum Zeichen der Kraft geworden.

Es mag sein, daß wir in unserem Alltag vor allem die ,Todesseite' des Kreuzes wahrnehmen. Aber manchmal blitzt vielleicht doch auch die andere Seite durch. Im Epheserbrief wird das Kreuz das Friedens- und Versöhnungszeichen genannt. Überall da, wo eine hindernde Trennwand fällt, wo Verstehen möglich wird und Hoffnung heraufkommt, da ist auch etwas von diesem Kreuz als Lebenszeichen zu erkennen. Werner Bergengruen hat dieser Hoffnung auf bewegende Weise in zwei Gedichtzeilen Ausdruck gegeben:

„Einst wird sich das Kreuz belauben
und die Schöpfung auferstehn."

Das Kreuz – ein Zeichen der Zukunft

Betrachten wir ein Kreuz, dann werden wir auf den Gekreuzigten hingewiesen, auf ein Geschehen, das sich vor annähernd zweitausend Jahren ereignet hat. Man könnte meinen, das Kreuz hätte vor allem diesen rückwärtsweisenden Charakter, wir sollen nicht vergessen, was damals geschah. Daneben dürfen wir aber nicht übersehen, daß das Kreuz auch eine andere Dimension hat, weil es nach vorne weist, in die Zukunft. Durch alle christlichen Jahrhunderte ist dieser Aspekt gesehen worden.

Bei dem frühchristlichen Theologen Kyrill von Jerusalem findet sich folgender Hymnus:

„Ausgespannt hat Gott am Kreuz seine Hände,
um die Grenzen des Erdkreises zu umarmen.
Darum ist dieser Berg Golgota auch
der Angelpunkt der Welt."

Hier geht es nicht mehr nur um ein vergangenes Ereignis, es

wird gerade seine Auswirkung für das Kommende ausgesprochen: Die ausgespannten Arme umfassen die ganze Welt, erst allmählich wird sichtbar werden, was dies bedeutet.

Nun müssen wir zugeben, daß das Kreuzzeichen im Laufe der Kirchengeschichte nicht immer eine erfreuliche Rolle gespielt hat. Unter diesem Zeichen hat man auch Kriege angezettelt, Zwangsbekehrungen durchgeführt, Völker unterdrückt. Und auch die Kreuzzüge waren ja nicht nur von einer gläubigen Begeisterung bestimmt. So kommt es, daß das Kreuz von den Nichtchristen zwar nicht mehr als Torheit und Narretei angesehen wird, daß man aber trotzdem einen deutlichen Widerstand dagegen empfindet, weil es lange genug ein Herrschaftszeichen war.

Wie kann dieses mißbrauchte und dadurch für viele unglaubwürdig gewordene Zeichen wieder seine ursprüngliche Kraft gewinnen? Vielleicht dadurch, daß wir uns auf das Kreuzverständnis der frühen Christen besinnen. Für Hippolyt, einen Theologen um das Jahr 200, war das Kreuz am ehesten als mächtiger Baum begreiflich, der eine Verbindung herstellt zwischen Erde und Himmel.

> „Dieser himmelweite Baum ist von der Erde empor zum Himmel gewachsen. Er ist der feste Stützpunkt des Alls, der Ruhepunkt aller Dinge, die Grundlage des Weltenrunds, der kosmische Angelpunkt. Er faßt in sich zur Einheit zusammen die ganze Vielgestalt der menschlichen Natur … Er rührt an die höchsten Spitzen des Himmels und festigt mit seinen Füßen die Erde, und die ganze Atmosphäre dazwischen umfaßt er mit seinen unermeßlichen Armen."

Ein solcher Kreuzbaum will nicht beherrschen, er will alles umspannen, eine Brücke zum Himmel schlagen, Verbindung herstellen. Wer sich diesem Kreuz zuordnet, der will nicht seinen Glauben anderen aufdrängen, das Kreuz nicht als Waffe benutzen, er will aber, daß dieses Kreuz sich als

Lebenszeichen und Inbegriff des Friedens erweist. Gerade in unserer Zeit, die so sehr die Orientierung verloren hat, haben wir hilfreiche Symbole nötig, die es uns erlauben, wieder Stand zu gewinnen. Werner Bergengruen hat in einem kurzen Gedicht der elementaren Symbolsprache des Kreuzes so Ausdruck gegeben:

„Nimm ein Stück geschwärzter Buchenkohle
und mit zwei Strichen, lot- und waagerecht,
schreib auf das Holz handhoch ein Kreuz.
So ist des Weltgefüges Inbegriff getan."

Einfacher läßt sich nicht sagen, wie das Kreuz zur Orientierungsmarke werden kann: Die Reduzierung auf das schlichte Zeichen hat ihm plötzlich wieder eine Welt geöffnet. Noch ein anderer Denker unserer Zeit hat die Zukunftsdimension des Kreuzes immer wieder betont: Pierre Teilhard de Chardin. Wer das Kreuz als zukunftsträchtiges Zeichen erkannt hat, der kann das Leben nicht mehr traurig und häßlich finden, sagt er. „Das Kreuz muß sich als ein Zeichen nicht zur Flucht, sondern des Fortschreitens bekunden. – Es muß vor unseren Augen nicht mehr nur als reinigendes Kreuz, sondern als bewegendes Kreuz aufleuchten." Er spricht davon, er sei vom Kreuz „leidenschaftlich bezaubert und befriedigt", weil in ihm zwei Bewegungen zusammenkommen würden: das Empor und das Voran, die Überschreitung unserer kleinen menschlichen Grenzen und die Überschreitung unserer Welt auf Gott zu.

Wer auf das Kreuz setzt, der bleibt nicht stehen, wo er gerade steht, er macht sich auf einen hoffnungsvollen Kreuz-Weg. Einmal soll nämlich das Zeichen des Menschensohnes am Himmel stehen.

Einige Hauptmotive christlicher Kunst

Der Maler malt auf seine Tafel
die Schönheit der Kirche
vom ersten Adam bis zur Geburt Christi
und das ganze Heilswirken Christi im Fleisch
wie auch das Leiden der Heiligen
und überliefert es der Kirche
Johannes von Damaskus

Tritt in den ewigen Bildersaal,
Nimm Sternen-Brot und -Wein.
Du sollst beim großen Abendmahl
In deinem Erbteil sein.
Werner Bergengruen

Wer unsere Kirchen betritt, stößt – in den meisten Fällen – auf Werke christlicher Kunst, manche Kirchen sind sparsam damit ausgestattet, andere überreich, es gibt rechte Bildersäle. Oft sind schon die Portale mit Plastiken und Reliefs geschmückt, die Glasfenster im Kirchenschiff und im Chor bieten die Möglichkeit, ganze Bildfolgen zu präsentieren, die Wände haben Fresken, die Altäre in vielen Fällen Tafelbilder, Antependien und Tabernakel. Manche Kirchen und Kapellen sind zu rechten Schmuckkästchen geworden, über die Jahrhunderte hin wurden immer wieder neue Kunstwerke dort aufgestellt, bis hin zu den Radleuchtern, den Epitaphien und Kanzeln.

Der Gast in der Kirche, ob er nun am gemeinsamen Gottesdienst teilnehmen will oder zum stillen Gebet ins Gotteshaus tritt, wird mit den Bildern aus der Heilsgeschichte konfrontiert, mit Bildern der Engel und Heiligen. Die Augen werden ebenso angesprochen wie die Ohren, neben das verkündete Wort und das gesungene Lied tritt das gemalte Bild und das plastische Kunstwerk.

Nun ist es auffällig, daß es eine Reihe von Motiven gibt, die sich eigentlich in jeder Kirche finden: das Bild des Gekreuzigten oder jedenfalls die Kreuzgestalt, die Verkündigung an Maria, die Geburt Jesu, das Abendmahl, die Himmelfahrt Jesu und das Kommen des Pfingstgeistes, schließlich die Parusie, die Wiederkunft des Pantokrators. Daneben finden sich häufig Madonnenbilder, die Kreuzwegstationen, Bilder des betreffenden Patrons usw. Wie kommt es nun, daß sich gerade solche Bilder immer wieder finden, andere Motive dagegen zurücktreten? Selbstverständlich haben sich die zentralen Themen der Hauptfeste und Zeiten des Kirchenjahres darin niedergeschlagen. Wenn sich um ein Fest Brauchtum und paraliturgische Spielformen entwickelten, dann ist anzunehmen, daß auch die Maler und Bildhauer das Ihre dazu beigetragen haben, die zentralen Gedanken des Festes aufzuschließen und dem Betrachter nahezubringen.

Aber es kommt noch ein Gedanke dazu: Die Volksfrömmigkeit entwickelte eine besondere Vorliebe für bestimmte Motive, auch wenn sie in der Überlieferung der Bibel keine herausgehobene Rolle spielen. Apokryphe Evangelien und Legenden waren oft nicht weniger beliebt als die Texte des biblischen Kanons. Die Gläubigen wollten sich selbst in den Bildern wiedererkennen, ihre eigenen Sorgen und Nöte spiegelten sich in gewisser Weise in den Kunstwerken wider, die Sehnsüchte und Hoffnungen wurden darin angesprochen. Im Menschen stecken Urängste, die benannt werden müssen, um bearbeitet werden zu können. In ihm schlummern Fragen, ohne deren Beantwortung sinnvolles Leben nicht möglich ist. „Wer bin ich eigentlich selbst? Wo komm' ich her? Was ist der Sinn meines Daseins, wo läuft mein Leben hin, gibt es ein Ziel? Darf ich hoffen – über den Tod hinaus? Gibt es Erlösung von Schuld und Sünde? Warum muß ich leiden? Gibt es so etwas wie Glück und Heil?"

Schaut man sich unter diesem Aspekt die Bilder an, dann läßt sich erkennen: Es ist nicht zufällig, welche Motive sich besonders häufig finden. Die Bilder sind Angebote, um den Urängsten begegnen zu können, um Antworten zu finden auf die elementaren Fragen. Es kommen verunsicherte Menschen, mit Sorgen beladen, voller ungelöster Probleme, nun werden sie in Geschichten verstrickt, einem großen Geschehen konfrontiert, sie werden in einen umfassenden Prozeß hineingenommen, der Himmel und Erde umgreift. „Offen die Fenster des Himmels", wie Hölderlin ein Gedicht beginnt, wird plötzlich die Welt erlebt. Den Kleinen und Unscheinbaren (etwa den Hirten auf den Fluren von Betlehem) wird die Kunde vom nahegekommenen Heil verkündet. Selbst der Tod kann besiegt werden, seit der Vatergott den Heiland Jesus Christus nicht im Tod ließ, sondern auferweckte. Freude darf aufkommen, die Tränen werden getrocknet, Leidende erfahren Trost, Hoffnungslosen keimt neue Zuversicht auf.

Wer sich den Bildern des Glaubens aussetzt, wer das Kreuz meditiert oder dem wiederkommenden Kyrios entgegenschaut, der geht nicht ungetröstet und unverwandelt davon. Von den Bildern – sofern sie künstlerische Kraft haben – geht eine Wirkung aus. Der Betrachter kann sich darin wiederfinden, er wird einen Weg mitgenommen, bekommt einen neuen größeren Zusammenhang eröffnet. Was aber noch wichtiger ist: er bleibt nicht bei sich und seinem kleinen Leben stehen, sondern kann sich übersteigen.

Adam und Eva

In Adam und Eva begegnen uns nicht einfach die ‚ersten' Menschen, sondern die Menschen schlechthin. Adam ist der Inbegriff des Menschen, aus der Erde geformt, aus dem Ackerboden genommen. Eva ist die Frau und die Mutter, Inbegriff des weiblichen Menschen. Die Künstler sind nicht müde geworden, die Schönheit und Wohlgeformtheit Adams und Evas zu zeigen, ihre paradiesische Nacktheit, die jugendliche Anfangskraft, den Elan des Beginnendürfens. Es sind strahlende Wesen, sie haben ideale Leiber, alles ist in Harmonie. Dazu ist Adam der Namengeber, der die Wesen und Dinge erkennt, sie ordnet und benennt. – Von innen heraus sind Adam und Eva im Gleichgewicht, ihre Zuordnung zur paradiesischen Umwelt ist von Eintracht und Frieden geprägt.

Dabei bleibt es aber nicht. In die Entscheidung gestellt, versagen sie, ziehen mit ihrem eigenen Fall auch ihre Umwelt in Mitleidenschaft. Aus der ‚Heilheit' müssen sie ausziehen, sie verlieren ihre ‚Hoheit'. Sie wollen die Früchte vom Baume der Erkenntnis selber greifen, das Greifen- und Habenwollen bestimmt ihr Handeln, der eigene Zugriff, nicht das Sich-beschenken-lassen.

In Adam und Eva begegnet der Mensch sich selbst als dem zu Großem Berufenen, der aber seiner Berufung nicht gerecht werden kann, sondern versagt und in der Bewährung scheitert. Der ‚Sündenfall' ereignet sich in jedem Menschenleben. Die Vertreibung aus dem Paradies, der Verlust seiner Unschuld, die Erfahrung der Heimatlosigkeit, alles das wird zum leidvollen Erleben in der menschlichen Existenz. Die Welt wird als feindlicher Bereich empfunden, die Arbeit als mühselige Last.

Aber in der Kunst – wie in der Theologie und der Frömmigkeit – ist von einem ‚zweiten Adam' die Rede, von Christus, der durch seinen Gehorsam die Tat des Ungehorsams tilgt, ist von einer ‚zweiten Eva' die Rede, von Maria, dann aber auch von der personifiziert gesehenen Kirche, die nicht eine Todesfrucht, sondern eine Lebensfrucht reicht. Aus dem Baum der Erkenntnis wird der Lebensbaum des Kreuzes.

Die Darstellungen von Adam und Eva erinnern uns an die Größe der menschlichen Berufung, an die Erlösungsbedürftigkeit, aber auch die Erlösungsfähigkeit der Welt und des Menschen.

Maria

„Ich sehe dich in tausend Bildern,
Maria, lieblich ausgedrückt,
Doch keins von allen kann dich schildern,
Wie meine Seele dich erblickt",

so heißt es im XII. der Geistlichen Lieder von Novalis. Marienbilder begegnen uns tatsächlich in unübersehbarer Fülle und gestalterischer Vielfalt. In der frühen Kirche war es vor allem ‚Maria orans', die mit ausgebreiteten Armen stehend dargestellt wurde, mit nach oben gewendetem Blick: die offene, hörbereite Frau, die das Ja-wort spricht. Aber früh wurde sie auch als Mutter dargestellt mit dem Jesuskind auf dem Arm, oft sitzt sie auf einem kostbaren Thron und ist mit königlicher Kleidung angetan. Vor allem die Ostkirche kennt eine Vielzahl von typologischen Besonderheiten in den Marienbildern. Die ‚Gottesmutter des Zeichens' (oder ‚Platytera') öffnet ihre Arme und erhebt sie zur Orantenhaltung, während auf ihrer Brust in einer Scheibe das Bild des göttlichen Kindes erscheint. Die ‚Eleusa' ist die Erbarmungsvolle und Mitleidige, freundlich dem Kind zugeneigt, die ‚Galaktrophusa', die dem Kind die Brust reichende und es stillende Mutter.

In der westeuropäischen Kunst erscheint Maria viele Jahrhunderte hindurch als die streng blickende und feierlich Thronende (sie wirkt selbst wie ein Thron), auf ihrem Schoß sitzt oder steht das Kind mit einem Buch oder einem Apfel in der Hand (dem Reichsapfel als Zeichen seiner Herrschaft), manchmal auch mit einer Segensgeste. In späteren Jahrhunderten wird die formale Strenge immer mehr aufgegeben, Maria erscheint lächelnd, sie wird als strahlende und bekrönte Königin dargestellt. Im späten Mittelalter wird der Typ der ‚Schönen Madonnen im weichen Stil' sehr beliebt, es kommen aber auch viele andere Darstellungsweisen auf: Maria im Rosenhag, die Schutzmantelmadonna, Maria auf der Mondsichel usw. Im Barock ist besonders verbreitet die ‚Assumpta', Maria, die nach ihrem Tod in den Himmel aufgenommen wird. Und es entstehen ganze Zyklen zum Marienleben, wobei die Apokryphen motivisch da weiterhelfen müssen, wo die Evangelien mit ihren Mitteilungen zu karg bleiben, um die Phantasie der Maler und Bildhauer anzuregen.

Worin liegt der Grund für die außerordentliche Vorliebe zur Gestalt Mariens, warum wurde sie immer und immer wieder dargestellt und von neuen Seiten betrachtet? Es sind gar nicht so viele Stellen in den Evangelien, in denen sie vorkommt, aber diese Abschnitte sind bedeutsam und erfreuten sich einer besonderen Beliebtheit in der Liturgie, in der Frömmigkeit und eben in der bildenden Kunst. Der Engel der Verkündigung sagt ihr: „Das Heilige, das aus deinem Schoße hervorgeht, wird Gottes Sohn heißen" (Lk 1,35). Und im Magnificat sagt Maria über sich selbst: „Von nun an werden mich selig preisen alle Geschlechter" (Lk 1,48). Maria hat das Leben, Wirken und die Passion ihres Sohnes begleitet, hat unter dem Kreuz gestanden und dort eines der letzten Worte Jesu empfangen.

Aber die Vorliebe muß noch eine andere Ursache haben. In Maria konnten die Menschen den Inbegriff des Mütterlichen verehren, in ihr konnten sich die Christen aber auch selbst wiederentdecken, sie fanden in ihr das Urbild des Christen: ein Mensch, der sich bereit macht, sich öffnet und das gläubige ‚fiat' spricht, eine Frau, die ihren Weg als Kreuzweg gehen muß und ihn vertrauensvoll geht, ohne viel Aufhebens davon zu machen. Maria ist der beispielhafte Mensch, die lautere Darstellung des Christseins, Maria ist die bedingungslos Glaubende, deshalb fehlen in keiner Kirche die Marienbilder.

Verkündigung

Wenige Motive der biblischen Tradition sind so häufig aufgegriffen und gestaltet worden wie die Verkündigung an Maria. Schon in der frühchristlichen Katakombenmalerei taucht das Motiv auf, in den römischen Mosaiken ist es nicht wegzudenken, dann in der Buchmalerei, in der Bauplastik der Kathedralen, in den Krümmen der Bischofsstäbe usw. Es gibt kaum eine Kirche, in der sich nicht eine Darstellung dieser Szene findet. Häufig entdecken wir eine Verkündigung schon am Portal der Kirche, der Besucher wird gleich am Eingang mit der Botschaft des Engels empfangen. In vielen Kirchen ist die Szene auch am Triumphbogen festgehalten, links sehen wir meist den heranstürmenden Engel, rechts vom Choreingang wird die hör- und aufnahmebereite Maria dargestellt. Nicht nur die Perikope aus dem Lukasevangelium hat für die Gestaltung dieser Szene Pate gestanden, sondern auch apokryphe Berichte wirkten hinein. Manchmal wird Maria mit einer Spindel dargestellt, sie spinnt Purpurfäden für den neuen Tempelvorhang. Andere Bildformen zeigen Maria beim Wasserschöpfen aus einem Brunnen oder stellen sie in ihrer Kammer dar, wie sie gerade in den Prophetenbüchern liest.

Warum ist wohl das Verkündigungsmotiv so außerordentlich beliebt gewesen? Es ist eine ‚Pfortengeschichte', eine feierliche Eröffnung, eine Ouvertüre. Es geht etwas zu Ende, vor allem beginnt aber etwas Neues. Menschen sitzen im Todesschatten und ängstigen sich, es scheint keine Zukunftsperspektiven zu geben, die Welt ist verbraucht, die Menschen sind müde geworden, es ist keine Hoffnungskraft mehr da. In diese Situation bricht der Ruf des ankommenden Gottes, der seine Nähe ankündigt und eine Botschaft der Hoffnung ausrichten läßt. – Und es wird uns eine Frau gezeigt, die nicht in der skeptischen Reserve bleibt, sondern hörbereit ist und sich innerlich öffnet: „Hier bin ich, die Magd des Kyrios. Nach deinem Wort soll mir geschehen" (Lk 1,38).

Maria wird Urbild der Kirche genannt, als exemplarischer Mensch steht sie vor uns. Sie nimmt sich nicht selbst wichtig, sondern ist bereit, zum Werkzeug Gottes zu werden. Aber die Selbstlosigkeit ist mit Selbstbewußtsein gepaart, aus einem sicheren Selbstand heraus sagt sie: „Großes hat der Mächtige an mir getan" (Lk 1,49). Sie hat ein großzügiges Herz, das empfangen und weitergeben kann. Sie hat Hände, die aufnehmen und loslassen können. Nicht um sich selbst ist sie bemüht, sie tritt zurück, und doch kann ohne ihr Tun nichts geschehen.

Ich halte das Verkündigungsmotiv heute für ganz besonders aktuell. Begegnen uns nicht immer wieder Menschen, die nichts mehr erwarten, die von einer abgrundtiefen Müdigkeit gezeichnet sind. Alles scheint leer zu sein, es ist aber eine Leere, die nicht mehr Ausschau hält, wie die eigene Leere gefüllt werden kann. Alle Worte scheinen schon verbraucht zu sein, alle Träume ausgeträumt, von der Zukunft kann nichts mehr erwartet werden. So schließen sich die Augen und die Ohren, es gibt keine Aufmerksamkeit mehr.

Gegen eine solche schleichende Verzweiflung kann man nicht argumentativ angehen. Es ist schon etwas gewonnen, wenn wir uns nicht davon anstecken lassen. Leben bedeutet, daß noch etwas aussteht, daß auch noch Boten kommen und Künftiges ansagen. Maria ist die Kontrastgestalt zum lebensüberdrüssigen Menschen, sie bekommt eine Botschaft, nimmt sie aber auch auf und zieht Konsequenzen daraus. An ihr handelt Gott und will ein Zeichen wirken. „Schaut, die junge Frau empfängt und gebiert einen Sohn, und sie nennt seinen Namen ‚Gott mit uns'" (Jes 7,14). – Es ist tröstlich, daß das Neue so unscheinbar auftaucht, nicht mit Wundermacht und großem Getöse. Die wirklich wichtigen Wandlungen bereiten sich beinahe unmerklich vor. „Ein Kind wird geboren, ein Sohn geschenkt. Aber auf seiner Schulter liegt die Herrschaft. Und seine Namen sind ‚Wunderbarer', ‚Ratgeber', ‚Fürst des Friedens'" (Jes 9, 5).

Gott ist im Kommen. Aber es ist auch nötig, daß wir ihn ankommen lassen. Seine Botschaft ergeht. Sind wir zum Hören bereit? Es gibt ja kaum ein auffälligeres Charakteristikum unserer Zeit als der ungeheure Lärm, der sich überall ausbreitet, der in alle Ritzen dringt, die Ohren verstopft und die Herzen empfindungslos macht. Wie soll da noch eine Botschaft vernommen werden?

In den Notizen von Novalis findet sich der Satz: „Ein wahrhaft gottesfürchtiges Gemüt sieht überall Gottes Finger und ist in steter Aufmerksamkeit auf seine Winke und Fügungen." Hier steht es, das geheimnisvolle Wort ‚Aufmerksamkeit'. Es drückt die Eigenschaft des hörbereiten Menschen aus, der lauscht, um auch die geheimen Zeichen zu vernehmen, der auch die Andeutungen und Winke verstehen will, das Wort hinter dem Wort. In den Schriften Simone Weils findet sich eine Bemerkung, die das Wort von Novalis gleichsam aufgreift und weiterführt: „Von mir wird nichts gefordert als die Aufmerksamkeit, eine so völlige Aufmerksamkeit, daß das ‚Ich' verschwindet." – Ist das Wort der Verkündigung vielleicht deshalb so schwer von uns zu verstehen, weil sich unser Ich so massiv festgesetzt und eingerichtet hat, damit keine Botschaft von außen eindringen kann?

Die Geschichte geht weiter, es steht noch so viel aus. Unser Weg führt durch Höhen und Tiefen. Und manchmal haben wir eine neue Kunde nötig. Was kündigt sich an? Welche Verheißung gibt sich zu erkennen? Dürfen wir aufwachen und die Resignation hinter uns lassen? Hören wir eine Stimme, die zu uns sagt: „Ich rufe dich bei deinem Namen ... Ich vergesse dich nicht ... Fürchte dich nicht, ich helfe dir ... Ich lege dir meine Worte in den Mund ..."

Wo noch eine Verkündigung ausgerichtet und aufgenommen wird, da ereignen sich noch Anfänge, da wird ein neues Geschehen angekurbelt, ein Stein ins Rollen gebracht. Es wird noch ein Baum gepflanzt, der erst künftig Frucht bringen soll, es wird ein Brunnen gegraben, der irgendwann sprudeln soll. Es wird ein neues Wort gesprochen, das vielleicht erst in künftigen Zeiten wirklich verstanden wird. „So ereignet sich mein Wort, das von meinem Mund ausgeht: Es kehrt nicht leer zu mir zurück, es tut erst, was ich gewollt, es bringt erst zuwege, wozu ich es ausgesandt" (Jes 55, 11).

Ich glaube, deshalb werden überall in den Kirchen Bilder von der Verkündigung an Maria gemalt und aufgestellt, damit wir uns nicht nur an die damalige Botschaft des Engels erinnern, sondern hinhorchen, ob sich nicht auch in unserem Leben eine Botschaft zu Wort meldet. So hat Edgar Dacqué (Das Bildnis Gottes, Leipzig 1940, 25) dies einmal ausgedrückt:

„Was mag ‚Wort Gottes' sein? Verkündung von
Gedanken?
Es ist Kraft, Dasein, Fleisch, drin Liebe ohne
Schranken."

Geburt

Die ostkirchlichen Weihnachtsbilder zeigen meistens eine offene Höhle in einem felsigen Berg. Im Eingang der Höhle liegt Maria, über sich die Krippe mit dem Kind, das von Ochs und Esel freundlich angeschaut wird. Aus der dunklen Höhle kommt das Licht, die Nacht gebiert den Tag, der alt und müde gewordenen Welt wird ein Kind der Hoffnung geboren.

Das Weihnachtsbild mit dem neugeborenen Kind ist uns

Menschen offenbar besonders nötig. Die Maler und Bildhauer und die Krippenbauer haben nicht aufgehört, diese Szene in immer wieder neuer Gestaltungsfreude darzustellen und zu variieren. Manchmal ist es ein Stall, in dem sich das Geschehen abspielt, manchmal eine Höhle, manchmal auch die Ruine eines großen Hauses, immer aber steht das Kind im Mittelpunkt, das Kind der Verheißung und der großen Erwartung. Im „Cherubinischen Wandersmann" des Angelus Silesius steht:

„Jetzt wird die Welt recht neugebor'n,
Jetzt ist die Maienzeit;
Jetzt tauet auf, was nur erfror'n
Und durch den Fall verschneit."

Mit der Geburt eines Kindes beginnt ein neues, entscheidendes Kapitel der Geschichte Gottes mit den Menschen. Die fleischgewordene ‚Menschenfreundlichkeit' und ‚Güte' Gottes (Tit 3,4) erscheint, unscheinbar ist das Geschehen, von den Mächtigen der Welt wird es nicht zur Kenntnis genommen, aber es kommt ein Stein ins Rollen, der nicht mehr aufzuhalten ist.

Gottes Zeichen sind oft verhalten, erst der Aufmerksame und Hörbereite kann sie vernehmen. Was klein scheint und machtlos ist, hat eine verborgene Dynamik, die sich erst künftig entfalten wird.

Die Tiefenpsychologen haben uns darauf aufmerksam gemacht, daß das Auftauchen eines neugeborenen Kindes im Traum meist auf einen Heilungs- und Reifungsprozeß im Leben eines Menschen hinweist. Ein krisenhafter Lebensabschnitt geht zu Ende, aber die Katastrophe kann verarbeitet werden, mit dem Kind wird die Chance eines neuen Beginnens angedeutet. Vielleicht haben auch die Völker und die Menschheit als Ganzes einen solchen Kindtraum nötig. Wo etwas stirbt, da wird häufig auch ein Anfang gestiftet.

Mit jedem Kind fängt die Weltgeschichte gewissermaßen

wieder neu an. Aber es mag sein, daß den Kindern diese Chance des Beginnendürfens gar nicht mehr geschenkt wird. Ist es nicht so, daß die Kinder nicht nur geformt und erzogen werden müssen, sondern daß wir Erwachsenen auf sie hinhorchen müssen, ob sich etwas ankündigt, was über uns selbst hinausführt. „Die Kinder haben die himmlische Weisheit", hat Bettine Brentano an ihre Freundin Karoline von Günderode geschrieben, „zu der wir müssen zurückkommen, wenn wir das Rechte tun wollen, was eigentlich unser Teil am Himmelreich ist."

Im Mittelpunkt des Weihnachtsfestes steht das göttliche Kind. Aber wir werden auch daran erinnert, daß in uns ein Kindsein ist, das geboren werden will, daß wir auch noch in einem Prozeß des Geborenwerdens stehen. Erich Fromm hat einmal geschrieben: „Die Geburt ist nicht ein augenblickliches Ereignis, sondern ein dauernder Vorgang. Das Ziel des Lebens ist es, ganz geboren zu werden, und seine Tragödie, daß die meisten von uns sterben, bevor sie ganz geboren sind."

Ob das Weihnachtsfest vielleicht auch deshalb in der Frömmigkeit und im Brauchtum des Volkes so tief verankert ist, weil die Menschen an diesem Fest wieder besonders eindringlich hingewiesen werden auf diesen Geburtsvorgang, in dem wir alle drinstehen? „Das Volk, das im Dunkel lebt, sieht ein helles Licht" (Jes 9, 1). In der Höhle wird das Kind des Lichtes und der Hoffnung geboren: Alles wird anders werden.

Die Hochzeit zu Kana

Im Johannesevangelium wird eigens betont, daß die Weingabe bei der Hochzeit von Kana das ‚erste Zeichen' war, das Jesus wirkte. Kaum hat Jesus seine öffentliche Wirksamkeit aufgenommen, die ersten Jünger um sich geschart, da wird er zu einem Hochzeitsfest geladen. Er nimmt am festlichen Mahl teil, ebenso seine Mutter und der Jüngerkreis. Und als die Gastgeber in die peinliche Situation geraten, daß kein Wein mehr nachgeschenkt werden kann, da befreit er sie aus der Notlage durch seine überreichliche Weingabe. Die Festfreude darf weitergehen, am Wein wird es nicht mangeln.

Die messianische Zeit ist eine hoch-zeitliche Ära. Das Verhältnis Gottes zu seinem Volk ist – vor allem von den Propheten – immer wieder als ein bräutlich-eheliches gedeutet worden. Wenn Gottes Gesandter kommt, dann beginnt eine hochzeitliche Gnadenzeit, dann kommt die Zeit überschäumender Freude, ein Festmahl muß gefeiert werden, zu dem alle geladen sind, bei dem es keinen Mangel geben wird. Endlich muß nicht gespart werden, braucht man nicht haushälterisch mit der Zeit umzugehen, die fröhliche Gemeinschaft kann sich ganz der gnadenhaften Heimsuchung Gottes anheimgeben.

Eine Hochzeit wird festlich und fröhlich begangen, weil zwei Menschen, die sich begegnet sind und einander lieben, sich zu einem gemeinsamen Leben entschlossen haben. Was zusammengehört, das muß zueinanderfinden, die ganze Welt ist auf Begegnung hin angelegt. Die Liebe hält unsere Welt aufrecht, führt sie weiter und läßt sie Gestalt gewinnen. Ohne das Geschenk der Begegnung bleiben die Menschen isoliert, ihr Herzbereich kann sich nicht entfalten, die tiefsten Möglichkeiten verkümmern und verdorren.

Die Bilder von der Hochzeit zu Kana haben also viele Schichten. Zunächst einmal berichten sie vom ersten Zeichen Jesu, machen deutlich, daß er an den Freuden und Leiden der Menschen Anteil nimmt. Er läßt sich hineinnehmen in das festliche Geschehen und erweist sich als Helfer in der Notsituation. – Dann macht er aber auch durch die Eigenart seines Zeichens deutlich, daß ein neues Zeitalter beginnt, in dem sich Himmel und Erde, Gott und die Menschheit hoch-zeitlich vereinigen. Es ist eine Zeit festlicher Freude, das messianische Freudenmahl beginnt.

Und schließlich drückt sich in den Bildern der Hochzeit die Ursehnsucht der Menschen nach der Begegnung aus. „Die Liebe ist der Endzweck der Weltgeschichte", sagt Novalis. In einer Hochzeit wird erlebbar, daß die Menschen zusammengehören, daß sie sich beistehen und eine glückliche Gemeinschaft werden können.

Weil aber jedes Zeichen über sich hinausweist, deshalb wird auch das hochzeitliche Geschehen, die festliche Mahlfeier, die fröhliche Trinkgemeinschaft transparent auf eine andere Hoffnung, die sich darin ausdrückt: auf die Herrlichkeit des Gottesreiches.

Verklärung

Die Synoptiker berichten, daß Jesus eines Tages mit dreien von seinen Jüngern auf einen hohen Berg stieg. Als sie oben angekommen waren, verwandelte sich die Gestalt Jesu. Sein Antlitz wurde strahlend und leuchtete wie die Sonne, selbst seine Kleider wurden blendend weiß wie Licht. Es war für die Jünger eine so beglückende Erfahrung, daß sie diesem Geschehen Dauer verleihen wollten. Petrus hatte die Idee, drei Hütten zu bauen, er wollte dieses Bergerlebnis festhalten, zumal himmlische Gestalten herunter kamen und mit

Jesus Zwiesprache hielten. Aber das herrliche Geschehen wandelte sich zu einem erschreckenden: Eine Lichtwolke umfaßt sie, sie hören eine geheimnisvolle Stimme, die deutlich macht, daß sich hier etwas ereignet, was ihre Fassungskraft übersteigt. Voller Angst werfen sich die Jünger zu Boden und müssen erst von Jesus, der wieder in der vertrauten Gestalt zu ihnen tritt, aus dem Bann gelöst werden: Er faßt sie an, läßt sie aufstehen, nun gehen sie wieder hinunter ins Tal.

Es war offenbar nötig für die Jünger, daß sie etwas von der verborgenen Gestalt Jesu, seinem eigentlichen Geheimnis, schauen konnten. Wenn sie tagtäglich mit ihm umgingen, war so viel verborgen. Nun aber, auf dem Berg, in der Einsamkeit der Höhe, bricht etwas von seiner Lichthaftigkeit durch: Ein Gestaltwandel ereignet sich, was sonst undurchdringlich blieb, wird durchscheinend, was versteckt war, tritt ins Offene. Wie verständlich, daß die Jünger diesen Höhepunkt nicht loslassen wollen, alles soll so bleiben, wie es jetzt ist: Der Himmel soll offen sein, die großen Gestalten der heiligen Geschichte sollen wieder erlebbare Gegenwart werden, Mose soll dableiben, Elija soll als freundlicher Gast bei den Menschen sein.

Aber es gehört zur Eigenart solcher Erfahrungen, daß sie nicht festgehalten werden können. Sie werden so dicht und eindrucksvoll, daß sie ein Mensch gar nicht auf die Dauer ertragen könnte. Aus dem Schönen wird das Schreckliche, aus dem Nahen und Vertrauten wird das Fremde und Entzogene. Die Jünger müssen merken, daß sie über Jesus nicht verfügen können, daß er in eine Sphäre hineinreicht, die ihnen noch nicht zugänglich ist.

Und trotzdem bleibt dieses Geschehen unvergessen. Auch wenn aus der Begeisterung Bestürzung wurde, sie durften einen Blick in eine andere Dimension werfen, die Erinnerung wird ein Trost sein in solchen Zeiten, wo alles wieder alltäglich geworden ist und alles verschlossen zu sein scheint. Wenn der Himmel einmal offen war, dann wird er auch wieder aufgeschlossen werden.

Vielleicht hat jeder Mensch in gewisser Weise schon Erfahrungen gemacht, die sich – in aller Vorsicht und Abschattung – damit vergleichen lassen. Plötzlich bricht mitten ins Ungeklärte eine solche ungeahnte Ordnung, daß auf einmal alles seinen Platz findet, auch die seltsamsten Ungereimtheiten ihre Sinnhaftigkeit bekommen, eine weite Landschaft kann eingesehen werden, wo doch sonst der Nebel alles zu verhüllen schien.

Solche Geschenke sind selten. Es sind Bergstunden, die sich nur manchmal ereignen. Wer sie aber erlebt hat, kann gelassener seinen Weg gehen.

„... Tal und Ströme sind
Weitoffen um prophetische Berge,
Daß schauen mag bis in den Orient
Der Mann und ihn von dort Wandlungen viele
bewegen",

heißt es in einem Gedicht von Hölderlin.

Gerade weil wir von Enttäuschungen heimgesucht werden und von Müdigkeit überfallen, schließen sich nur allzuleicht unsere seelischen Luken. Die Augen können nicht mehr eindringen und durch die Oberfläche stoßen, es wird nur noch das Altbekannte wahrgenommen, der Kreislauf der üblichen Geschehnisse wird erwartet, sonst nichts.

Dagegen steht die Erfahrung der Metamorphosis, der Verklärung, der Gestaltwandlung. Sie kann nicht erzwungen werden, aber manchmal wird uns eine Ahnung geschenkt, daß es noch „eine andere Seite" gibt, eine verborgene Wirklichkeit, die sich wie ein Blitz ankündigt, alles für einen Moment erhellt, wenn sie auch nicht festgehalten werden kann. Dauer können wir diesem Erleben nicht verschaffen, Hütten können wir an diesem Ort keine bauen, aber wir werden dennoch verwandelt aus diesem Geschehen hervorgehen.

Abendmahl

Am Vorabend seiner Passion trifft sich Jesus mit seinem engsten Freundeskreis in einem schönen Saal, um das Passahmahl einzunehmen. Im Gedenken an die Befreiung aus der ägyptischen Knechtschaft finden sich ja die jüdischen Familien und Freunde zusammen, um in Dankbarkeit der Heilstat Gottes und der Errettung zu gedenken. Jesus aber bleibt nicht in der Rückerinnerung an das vergangene Geschehen stehen, er stiftet ein neues Mahl, das Brudermahl eines Neuen Bundes. Er selbst gibt sich in der Gestalt von Brot und Wein zur Speise und zum Trank. Ein Mahl wird gestiftet, eine Zeichenhandlung eingesetzt, die bleiben soll, auch wenn Jesus nicht mehr leibhaft unter seinen Jüngern sein wird.

Es ist kein Zufall, daß dieses Geschehen die Form der Tischgemeinschaft einnimmt. Wenn Menschen miteinander essen, das Brot miteinander teilen, aus dem gleichen Becher miteinander trinken, dann entsteht eine innige Verbundenheit. Freundschaftliche Beziehungen werden geknüpft, die bleiben, auch wenn der Kreis nicht mehr zusammen ist. Das gemeinsame Mahl, das ja meist auch mit einem Gespräch verbunden ist, setzt Vertrauen voraus, Zugewandtheit, Bereitschaft, füreinander einzutreten. Beim Mahl merken wir, daß wir – so wie wir der Speise bedürfen – auch der Freundschaft bedürftig sind.

In seiner „religiösen Erotik" schreibt Franz von Baader: „Eigentlich nährt oder substanciert ein Herz nichts als wieder ein Herz, und bei aller anderen Speise oder Genuß geht das Herz leer aus. Wie nun der Mensch nur vom Menschen lebt und ißt, so kann ein Mensch dem andern auch Gift und Tod sein." Wenn uns auch Verrat und Untreue immer als schreckliche Geschehen erscheinen, Verrat unter Freunden, die durch die Mahlgemeinschaft verbunden waren, kommt uns in besonderer Weise verwerflich vor. Deshalb ist auch Judas zum Inbegriff des Verräters geworden, weil er unmittelbar nach der Abendmahlsgemeinschaft sein trauriges Geschäft verrichtet.

Das Abendmahl ist das zentrale sakramentale Geschehen, weil hier in einem wirksamen Zeichen eine Ursehnsucht des Menschen gestillt wird: Er ist das hungrige Wesen, das ebenso nach Speise und Trank verlangt wie nach Angenommensein und Bergung, nach Verständnis und Liebe. Die Tischgemeinschaft vermittelt ein Gefühl der Verbundenheit wie sonst wenig, alle werden angenommen, bekommen Zuwendung, Wort des Lebens, Brot des Heils.

„Brot ist der Erde Frucht, doch ists vom Lichte
gesegnet,
Und vom donnernden Gott kommet die Freude des
Weins",

heißt es in Hölderlins Elegie „Brot und Wein". Wer das eucharistische Geheimnis wieder besser verstehen will, der muß zunächst einmal seinem eigenen Hunger auf die Spur kommen, den verborgenen Sehnsüchten, der heimlichen Unzufriedenheit, die sich durch alle innerweltlichen Erfahrungen nicht stillen lassen wollen. Und wir müssen den Elementen wieder nachsinnen, dem Brot und dem Wein, den Vorgängen der Tischgemeinschaft, dem festlichen Ritual der freundschaftlichen Runde.

Vielleicht hat keiner die geheimnisvolle Kraft der Abendmahlsgemeinschaft treffender ausgedrückt als Novalis, in dessen Hymne es heißt:

„Hätten die Nüchternen
Einmal gekostet,
Alles verließen sie,
Und setzten sich zu uns
An den Tisch der Sehnsucht,
Der nie leer wird.

Sie erkennten der Liebe
Unendliche Fülle,
Und priesen die Nahrung
Von Leib und Blut."

Fußwaschung

Im Johannesevangelium findet sich kein Einsetzungsbericht für das Abendmahl, dafür wird über die Fußwaschung der Jünger durch Jesus berichtet. Und wenn es nach dem Abendmahl bei Lukas (22, 19) heißt: „Tut dies zu meinem Gedächtnis", so wird nach dem Johannesevangelium (13, 14b–15) auch die Fußwaschung ein Vorgang, der sich wiederholen soll: „Auch ihr müßt einander die Füße waschen. Ich habe euch ein Beispiel gegeben, damit auch ihr so handelt, wie ich an euch gehandelt habe."

Jesus vollzieht vor den Jüngern eine Demutsgeste, er wäscht ihnen die Füße, was sonst von Sklaven oder untergeordneten Dienern verrichtet wurde. Der Hohe macht sich klein, er erniedrigt sich selbst. Offensichtlich will er sie nicht nur zum gegenseitigen Dienst mit Worten auffordern, sondern macht ihnen die realen Konsequenzen seiner Auffassung von Dienst vor. Und direkt wie sonst selten sagt Jesus: Macht es mir nach, so sollt ihr einander dienen.

Es ist für das Christusbild in der Kunst wichtig, daß Jesus so unterschiedlich dargestellt wird, als Herr und als Knecht, als Horchender und Redender, als Mächtiger und Machtloser, als einer, der aktiv handelt, und einer, der geschehen läßt, als ein selbstbewußt Auftretender und als einer, der sich selbst erniedrigt. Erst diese Spannung ergibt auch die unterschiedlichen Facetten der Jesusgestalt.

Ein Christ darf und soll sich in Jesus wiedererkennen. Betrachten wir seine Bilder, dann werden wir auch zu einem Tun aufgefordert. Sein Beispiel muß Folgen haben, wir werden verwiesen auf die Brüder, für die wir Verantwortung übernehmen sollen. Nicht zur Herrschaft werden wir aufgefordert, sondern zu einem ‚niedrigen' Dienst, darin erweist sich die Ernsthaftigkeit der Nachfolge.

Kreuzigung

So sehr ist das Kreuz der Mittelpunkt christlicher Frömmigkeit und zentrales Thema der Kunst, daß sogar die Kirchen häufig in Kreuzgestalt gebaut worden sind: Die ganze Anlage wurde in der Form eines griechischen (quadratischen) oder lateinischen Kreuzes errichtet (hier ist der Teil des Kirchenschiffes, in dem sich die Gläubigen befinden, länger als der Chorraum). – Die Urkirche kennt noch keine Kreuzdarstellungen, aber im 5. und 6. Jahrhundert wird die Kreuzigung Jesu im Relief dargestellt (Santa Sabina in Rom) und in der Buchmalerei ausgeführt (im syrischen Kodex des Mönchs Rabula). Viele der nun entstehenden Bilder stellen den Vorgang in einer streng stilisierenden Art dar: Der Ort (‚Schädelstätte') ist der Begräbnisplatz Adams, Sonne und Mond verdecken ihr Angesicht. Maria und Johannes sind die Repräsentanten der Kirche. Im Hochmittelalter werden die Darstellungen immer realistischer, wohl auch durch den Einfluß der franziskanischen Kreuzmystik. Der Betrachter soll am Passionsgeschehen teilnehmen, er soll durch die Bilder auch in seinen Gefühlen und Empfindungen angesprochen werden. Der Isenheimer Altar des Matthias Grünewald stand in einem klösterlichen Leprosenheim: Die Schwerkranken wurden schon bei der Aufnahme vor das Kreuzigungsbild geführt, wo sie den grausam gepeinigten und geschundenen Leib Jesu betrachten konnten. So schrecklich ihre eigenen Wunden sein mochten, so sehr sie schmerzten – dieser Schmerzensmann hatte noch mehr erdulden müssen.

Das Kreuz ist ein Todes- und ein Lebenszeichen. Erst muß seine Todesseite durchlitten werden, damit auch die Hoffnungsseite erfahren werden kann. Seit der Passion Jesu muß der Weg des Christen als ein Kreuzweg verstanden werden. Will er Jesus nachfolgen, dann muß er sein Kreuz auf sich nehmen (Mt 10,38; 16,24). Auch deshalb ist die Darstellung des Kreuzes so vielgestaltig und zahlreich, damit der Christ immer wieder auf das Kreuz stößt, sich an Jesu Heilstat erinnert, aber auch daran erinnert wird, sein eigenes Kreuz zu tragen.

Pietà

Die Abnahme Jesu vom Kreuz ist schon früh in der christlichen Kunst dargestellt worden, davon wird ja auch in den Evangelien berichtet. Die Marienklage, die Beweinung des Leichnams Jesu, der auf dem Schoß Mariens liegt, kommt erst im ausgehenden Mittelalter auf, wird aber dann zum sehr beliebten Andachtsbild des 14. und 15. Jahrhunderts. Eine Mutter trauert um ihren Sohn und beweint ihn, das ist – frömmigkeitsgeschichtlich – ein Ausdruck des innigen Nacherlebens der Passion Jesu, durch die Frömmigkeit bestimmt, die im 13. Jahrhundert aufkam.

Aber das ‚Vesperbild' ist ja wohl auch deshalb vom Volk so geliebt worden, weil sich viele Frauen in der trauernden Maria wiedererkennen konnten. Wie viele Mütter hatten ihre Söhne und Töchter verloren, wie viele Frauen ihren Mann. Nun kamen sie unglücklich oder gar verzweifelt in die Kirche, traten vor das Bild und konnten auch hier eine Mutter sehen, die vor Trauer in Tränen ausbricht und sich nicht so schnell trösten läßt. Allein dieses Hineingenommenwerden in den Schmerz eines anderen, dieses Wiedererkennen der eigenen Not und der schmerzhafte Ausdruck, wie er sich in den hymnischen Marienklagen ausspricht, haben aber eine tröstliche Wirkung. Die Trauernden werden ernst genommen, ihre Klage hat einen Platz bekommen, auch in der Kirche. Dann kann die Trauerzeit irgendwann abgeschlossen werden, die Zuversicht und die österliche Hoffnung setzt sich wieder durch.

In den Bildern der christlichen Kunst muß sich also die ganze Erlebnisbreite menschlicher Existenz wiederfinden, damit ein Brückenschlag gelingt zwischen dem Heilsgeschehen der Glaubensgeschichte und dem individuellen Lebensschicksal der einzelnen. Dabei geschieht aber nicht nur Bestätigung und Anerkennung, sondern Überhöhung und das Hineinnehmen in einen größeren Zusammenhang.

Auferstehung

Ist es eine besondere Ehrfurcht vor diesem Geheimnis, daß die Maler sich lange gescheut haben, diesen Vorgang, der doch ganz im Zentrum des Glaubens steht, darzustellen und auszuschmücken? Auf jeden Fall finden wir sehr viel häufiger Darstellungen vom leeren Grab, von den am Grab sitzenden Engeln oder von den zum Grab eilenden Frauen als vom auferstehenden Kyrios Jesus. Häufig haben die Maler und Reliefkünstler auch eine ganz andere Szene geschaffen, um indirekt ihren Auferstehungsglauben auszudrükken: Der Fisch spuckt Jona ans Land, entläßt ihn aus seinem Bauch; oder: Der auferweckte Lazarus kommt aus seinem

Grab heraus. Die Ostkirche hat mit besonderer Vorliebe die Verklärung Jesu als vorweggenommene Auferstehung dargestellt. Außerdem gibt es zahllose Ikonen, die die Hadesfahrt Jesu, seinen Abstieg in die Totenwelt in die Mitte rücken: Mit seinem Siegeszeichen, dem Kreuz, zerschmettert er die Pforten der Hölle und holt – als der Erstgeborene aus den Toten – die Entschlafenen aus dem Machtbereich des Todes.

Ostern ist ein Lichtfest: Das Licht des Auferstandenen kommt aus der Grabhöhle, wie ein Blitz erhellt es die ganze Welt, blendet es die Repräsentanten der herrschenden Macht, die Wächter, verbreitet eine freudige Farbigkeit und läßt den Jubel durchbrechen. Die Osterlieder sind die freudigsten des ganzen Kirchenjahres. Wird Jesus direkt dargestellt, dann ist er der Sieger, der Lichthafte.

Als Albrecht Haushofer im Gefängnis der nationalsozialistischen Machthaber saß, rief er sich alle Christusbilder, die er kannte, vor sein geistiges Auge, aber keines konnte wirklich bestehen. Dann aber fährt er fort:

„Jetzt fühl' ich, daß nur eines gültig ist:
Wie sich dem Meister Mathis Er gezeigt –
doch nicht der Fahle, der zum Tod sich neigt –
der Lichtumflossne: dieser ist der Christ."

Das Auferstehungsbild des Isenheimer Altars hat für ihn die höchste Überzeugungskraft, da bricht am deutlichsten das verwandelnde Licht durch. – Es ist ja auffällig, daß die Osterberichte der Evangelisten zurückhaltend sind: Jesus ‚erscheint', er begegnet Magdalena, den Aposteln, den Emmausjüngern, er ist aber nicht festzuhalten. Plötzlich ist er da, redet zu ihnen, tröstet, ermutigt, bereitet das Kommende vor, verschwindet aber ebenso plötzlich. Die Jünger sollen aufmerksam werden für das Aufscheinen ihres Herrn, seine Gegenwartsformen, die manchmal auch ‚inkognito' sein können.

Mit der Auferweckung Jesu hat ein neuer Äon begonnen,

das ist die gemeinsame Überzeugung der Kirche. Was dem Tode überantwortet wird, ist nicht einfach verloren, sondern wird aufgehoben und in das Reich des neuen Lebens hinübergerettet. Aber wir sollen „den Lebenden nicht bei den Toten suchen" (Lk 24, 5).

Weil unser Leben so sehr von der Vergänglichkeit und vom Sterben bestimmt ist, setzt sich oft eine verkappte Verzweiflung bei uns fest, eine allmählich um sich greifende Hoffnungslosigkeit. Dagegen steht die christliche Osterbotschaft, wird das Bild vom Auferweckten gestellt. Gerade das ostkirchliche Bild der Hadesfahrt Jesu macht deutlich, daß er in unsere Totenwelt hinabsteigt und unser Schicksal teilen will, um es zu wandeln.

Aber manchmal wird uns auch eine Ahnung vom neuen Leben geschenkt, mindestens punktuell wird uns klar, daß Sterben und Zu-Ende-Gehen nicht das Letzte ist, sondern daß uns überraschende Neuanfänge gewährt werden, Aufbruchserlebnisse, Heilserfahrungen. Vielleicht am schönsten hat Marie Luise Kaschnitz diesen Erfahrungen in einem Gedicht Ausdruck gegeben, dessen Beginn lautet:

„Manchmal stehen wir auf
Stehen wir zur Auferstehung auf
Mitten am Tage
Mit unserem lebendigen Haar
Mit unserer atmenden Haut."

Gerade solche Geschenke haben einen tröstlichen Charakter, wenn wir auch schon in unserer jetzigen Existenz etwas von der „geheimnisvollen Ordnung" ahnen können, vom „Haus aus Licht".

Himmelfahrt

Jesus hat den Abschied von seinen Jüngern offenbar sorgsam vorbereitet. In der Jüngerschulung, wie sie die Synoptiker berichten, und in den Abschiedsreden des Johannesevangeliums werden die Apostel auf die Zeit vorbereitet, in der Jesus nicht mehr in seiner leiblichen Gestalt anwesend ist. Der Himmelfahrtsbericht der Apostelgeschichte macht diesen Abschied Jesu in einer dramatischen Szene deutlich. Jesus wird emporgehoben und durch eine Wolke ihren Blikken entzogen. Die Jünger, die entgeistert und erschreckt zum Himmel hinaufsehen, bekommen die Weisung der himmlischen Boten: Guckt nicht weiter sprachlos in den Himmel, sondern denkt an eure Aufgaben in der Welt. Jesus wird schon zu ‚seiner Zeit' wieder zu euch kommen.

Die Himmelfahrtsbilder stellen meistens das Hinaufschweben Jesu dar, manchmal auch das Hinaufsteigen, oft ergreift er die hingehaltene Hand des Vaters, oder er wird durch die Wolke entrückt. Mittelalterliche Bilder lassen manchmal auch nur noch die Füße Jesu erkennen, oder es werden noch die Fußspuren auf dem Berg gezeigt. Die gewohnte Gegenwart Jesu ist jedenfalls nicht mehr vorhanden, er hat sich verabschiedet, ist in einen Bereich aufgestiegen, der uns noch vorenthalten bleibt. Die Wolke steht für die Grenze, für das uns Entzogene, aber auch für das geheimnisvoll Nahe, so, wie die Sonne durch die Wolke verdeckt wird und trotzdem noch etwas von ihrer Lichtkraft und Wärme hindurchschickt.

Und wir werden aufgefordert, nicht nur dem Entschwundenen nachzuschauen, sondern seine Spuren wahrzunehmen, seinen Sendungsauftrag zu hören und gelassen den Tag seiner Wiederkunft zu erwarten.

Eine getröstete, erwartungsvoll hoffende, aber doch immer noch verschüchterte und ängstliche Gruppe von Menschen hat sich in ein Haus zurückgezogen. Plötzlich erfahren sie einen mächtigen Sturm, ein Brausen und den Einbruch von Feuer. Die Enge ihres Hauses und ihrer Gemeinschaft wird aufgebrochen, die Ängstlichkeit ist verflogen, sie müssen hinaustreten und anderen von ihren großen Erfahrungen und Einsichten berichten. Hatten sie bisher noch nicht das ‚neue Wort' gefunden, um das aussprechen zu können, was sie innerlich bewegte, so fluten jetzt zündende Worte durch sie hindurch, die gleichsam Stummen werden sprachmächtig, die Mutlosen entwickeln Kühnheit, die Sicherheitsbedürftigen wagen einen Aufbruch.

Wenn der Geist nicht kommt, als Sturmbraus und Feuerbrand, dann kann sich das Neue nicht durchsetzen. Alles bleibt beim alten, der Schlendrian und der Beharrungstrieb lassen jeden Impuls erlahmen. Die Esra-Apokalypse, eine frühchristliche Schrift, beschreibt deshalb das Kommen des Geistes als machtvolles Hereindrängen eines reinigenden Sturmes: „Siehe, ein Wind erhob sich aus dem Meere, so gewaltig, daß er alle seine Wogen aufwühlte. Und ich sah: der Wind führte aus dem Herzen des Meeres etwas wie einen Menschen herauf, und dieser Mensch flog mit den Wolken des Himmels ... Ich sah nur, wie er seinem Munde gleichsam Feuerwellen, von seinen Lippen Flammenhauch und von seiner Zunge Sturmfunken entsandte. All dies vermischte sich miteinander, Feuerwellen, Flammenhauch und Sturm, und fiel auf die andrängende Schar."

Das Kommen des Pfingstgeistes hat eine Öffnung zur Folge: Die Herzen öffnen sich für die neue Form der Anwesenheit des Kyrios, die Gemeinschaft öffnet sich, weil sie Platz schaffen muß für weitere Glieder, die Sprache öffnet sich, weil sie dem Erlebnis des Neuen Ausdruck geben muß. Mit der Öffnung der Türen muß ein Weitwerden im Heiligen Geist einhergehen. „Der Geist ist es, der lebendig macht" (Joh 6,63). Wenn das Neue geboren wird, dann muß Platz geschaffen werden.

Es gibt die Zeit der Einkehr, des Sich-Verschließens, des Stillwerdens, der verschworenen Gemeinschaft, des Wartens und der Bereitung. Aber eine solche Zeit muß auch wieder abgelöst werden vom Offenwerden, vom aktiven Zugehen auf andere Menschen, vom frischen Wind der Erneuerung. Das Schweigen tut uns not, aber es soll nicht zum Verstummen führen, sondern gerade ein neues Sprechen möglich machen, es soll uns die Zunge lösen.

Es gibt sicher auch das Pfingsterlebnis im individuellen Leben des einzelnen Christen. Nicht als isoliertes Privatgeschehen, der Geist hat es immer mit Gemeinschaft zu tun, nicht umsonst ist von dem Haus die Rede, in dem sich die Jünger versammelt haben, malen die Künstler den Jüngerkreis häufig als Tischgemeinschaft. Aber es kann sich im persönlichen Schicksal eines Menschen eine Phase ereignen, wo er sich eingesperrt vorkommt, unfähig, aus eigener Kraft die Türen zu öffnen, unfähig, das nötige Wort zu finden. Und dann bricht es plötzlich in sein Leben und wandelt sein Dasein, ein neuer Hauch der Liebe und Wärme läßt das Eis schmelzen, eine Gemeinschaft tut sich auf, die Verbundenheit schafft und neue Wirksamkeit. Ferdinand Ebner spricht von der Geistgebundenheit der menschlichen Existenz. „Nimmt man ihm, solange er noch nicht zur Realität des geistigen Lebens erwacht ist, den Traum vom Geist weg, was bleibt dann von diesem Leben übrig? Fürwahr etwas Entsetzliches". Um so beglückender kann es sein, wenn ein Brückenschlag gelingt und der ersehnte Geisthauch endlich zu wehen beginnt.

Wiederkunft und Jüngstes Gericht

In manchen Kirchen nimmt die Darstellung des Weltgerichts eine ganze Wand ein. In der Mitte thront oben der wiederkommende Christus, oft von einer Mandorla umgeben, einem mandelförmigen Strahlenkranz, der in vielen Fällen in den Farben des Regenbogens erstrahlt, um den Lichtcharakter zu betonen. Umgeben ist der thronende Christus von den Aposteln, manchmal auch von Maria und Johannes dem Täufer. Engel blasen in die Posaune und fliegen zur Erde hinunter, wo sich die Gräber öffnen und die Verstorbenen sich erheben. In den spätmittelalterlichen Bildern wird farbenstark und phantasievoll ausgemalt, wie sich der Höllenrachen öffnet und die Verdammten aufnimmt, die Erlösten und zum Heil Berufenen machen sich, von Engeln unterstützt, auf den Weg in die Höhe. Das Buch des Lebens ist aufgeschlagen, in dem die Namen der Erwählten verzeichnet sind. Ein Engel hat eine Waage in der Hand, hier werden die Seelen gewogen, ob sie zu leicht oder zu schwer sind. In der Hand des Weltenrichters (manchmal auch im Mund) befindet sich ein mächtiges Schwert, denn es soll ja gerichtet und geurteilt werden.

Es mag schon sein, daß dieses Bild beim Beschauer auch Ängste hervorruft: Werde ich bestehen können, muß ich mit der harten Verurteilung rechnen? – Aber das Mittelalter hat diese Härte in Kauf genommen: Das menschliche Leben geht auf einen Gerichtstag zu, jeden Tag sollen wir uns daran erinnern und sollen daraus Konsequenzen ziehen, um dem Gerichtsfeuer zu entgehen. Entscheidungen sind unausweichlich, wer im gläubigen Vertrauen ausharrt, braucht keine Angst zu haben.

Eine ähnliche Wirkung geht von den strengen Darstellungen der Maiestas Domini aus, dem ‚Pantokrator' (Allherrscher), wie er häufig in den Apsiden und Kuppeln erscheint. Vor allem ostkirchliche Darstellungen betonen die Hoheit und Erhabenheit des Herrn. Umgeben ist er meist von den ‚vier Wesen', einem geflügelten Menschen, einem Stier, einem Löwen und einem Adler (nach Ez 1). Gewöhnlich werden die vier Wesen als Evangelistensymbole verstanden, aber zunächst einmal muß man unter ihnen Darstellungsformen und symbolische Bilder Christi sehen: Im Bild des Menschen wird die Menschwerdung ausgedrückt, im Stier sein Opfertod, im Löwen die Auferstehung und im Adler die Himmelfahrt.

Die christliche Kunst kennt sehr unterschiedliche Christusbilder, die Gestalt Jesu wird manchmal in ihrer Niedrigkeit und letzten Entäußerung gezeigt (Jesus vor Pilatus, an der Geißelsäule, die ‚Ecce homo'-Bilder), manchmal aber auch in ihrer Hoheit und strahlenden Macht. In der Spätantike hat man Elemente des Kaiserkultes und des Hofzeremoniells herangezogen, den prächtigen Thronstaat mit seinen Ministern und Bediensteten, um auch den thronenden Christus entsprechend vor Augen zu stellen. Das mag uns unvertraut sein, aber wir spüren darin doch den Versuch, das Geheimnis des Menschensohnes so zu veranschaulichen, daß wir in eine Haltung der Sammlung geraten, der Ehrfurcht und der Aufmerksamkeit.

Unser Leben geht nicht endlos weiter, wir können plötzlich abgerufen werden. Der Christ muß sich bereiten, um Rechenschaft abzulegen, deshalb ist es gut, sich oft dem Bild des herrscherlichen Christus zu stellen. Aber wir dürfen auch darauf vertrauen, daß wir nicht in die Hände eines rachsüchtigen Tyrannen fallen, eines unberechenbaren Diktators, sondern daß wir uns den Händen des ‚guten Hirten' überlassen können, der dem verlorenen Schaf nachgeht und dessen Liebe ohne Maß ist.

Allerheiligen

„Ich ergänze in meinem irdischen Leben, was an den Leiden Christi zu ergänzen ist", heißt es im Kolosserbrief (1,24). Und im zweiten Korintherbrief sagt Paulus: „Wir tragen allezeit das Todesleiden Jesu an unserem Leibe" (4,10). Durch alle Jahrhunderte sind Zeugen Jesu aufgetreten, haben sein Wort verkündet und durch ihr Leben ausgelegt, hatten auch meist Anteil an seinem Leiden, viele sind für ihn gestorben. Wenn man sich mit den Heiligen befaßt, kann man feststellen: jeder war anders, ist *seinen* Weg der Nachfolge gegangen. Wenn sie auch in ihrem Glauben eins waren, hat doch jeder seinen persönlichen Ruf bekommen, stand jeder vor ganz besonderen Aufgaben und deshalb bekam auch jeder sein unverwechselbares Gepräge.

Viele der großen Heiligengestalten haben ihr eigenes Fest erhalten, haben auch eine charakteristische Prägung in der künstlerischen Gestaltung bekommen. Meist erkennen wir die Darstellungen von Johannes dem Täufer sofort, ebenso die von Petrus und Paulus, Maria Magdalena, Nikolaus, Martin von Tours, Barbara oder Cäcilia. In zahllosen Kirchen sind Benedikt oder Franziskus dargestellt. Wenn die Kirche trotzdem ein Allerheiligenfest eingeführt hat, dann wohl deshalb, weil es viel mehr Heilige gibt, als man im Laufe des Kirchenjahres feiern kann. Und neben den großen Heiligengestalten gibt es unbekanntere, die nicht vergessen werden sollen. An diesem Tag haben sie alle ihren Platz gefunden, die heiligen Könige und die heiligen Bettler, große Päpste und kleine Bettelmönche, mutige Märtyrer und unbekannte Gestalten, deren Namen niemand mehr kennt. Afrikaner stehen neben Asiaten und Europäern, alle Stämme und Nationen, alle Rassen und Kulturen sind vertreten, die ganze Menschheit ist in ihren Repräsentanten anwesend.

Die Versammlung der Heiligen gruppiert sich um das Lamm, zu den Heiligen gesellen sich die Propheten und die Patriarchen des Alten Bundes. In den Bildern soll schon das himmlische Reich anschaubar werden. Jubel, Lobpreis und Anbetung bestimmen das Geschehen. In der Kirche Apollinare Nuovo in Ravenna ist es eine eindrucksvolle Prozession von Heiligen, die die Wände des Langhauses beherrschen. – Der Beter in der Kirche soll sich gleichsam einreihen, er soll wissen: für dich ist auch ein Platz bereit, auch du sollst zu der Gemeinschaft der Heiligen gehören.

Christophorus

Selten fehlt an oder in einer mittelalterlichen Kirche ein Bild des heiligen Christophorus, häufig wird er baumlang und unübersehbar groß dargestellt. Das hängt einmal damit zusammen, daß die Vorstellung unter dem Volk verbreitet war, an einem Tag, da man das Bild des Christophorus gesehen habe, sei man vor plötzlichem Tod und Unheil sicher. Allerdings ist das nur eine Erklärung ‚von außen'. Tiefer ist sicher ein Verständnis, das in dem Heiligen den Inbegriff eines ‚Christusträgers' sieht: Ich muß mich immer wieder daran erinnern lassen, daß ich ja auch Christus in mir trage und seine Botschaft weitertragen soll.

Es wird von ihm (der in der Legende manchmal Reprobus, manchmal Offerus genannt wird) berichtet, daß er als junger Mann, der mit Riesenkräften ausgestattet war, umgetrieben wurde und nicht wußte, wo er hingehörte und welche Aufgabe er erfüllen sollte. Nachdem er schon manchen enttäuschenden Herren gedient hatte, bekommt er von einem Einsiedler den Rat, er soll Menschen über den reißenden Fluß übersetzen. Das tat er, bis eines Tages ein kleines Kind übergesetzt werden wollte, das war „kleiner als klein und größer als groß". Dieses Kind wurde so schwer, daß er es nicht mehr tragen konnte. Es gab sich aber als Jesuskind zu erkennen, taufte ihn, und nun bekam er den Namen ‚Christophorus'.

Auf dieses Kind müssen wir treffen, es korrigiert unsere Maße, wertet das Kleine und Unscheinbare auf und rückt das scheinbar Große zurecht. Christus will von uns getragen werden, dann erkennen wir unseren Namen und bekommen die Aufgabe zugewiesen, die von uns ergriffen und bewältigt werden soll. So betrachtet, sind die Christophorus-Bilder ein Appell: Erkenne deine Würde, deine Berufung, deinen Weg. Es wird etwas von dir erwartet. Bleib nicht sitzen, sondern wag es, das andere Ufer zu gewinnen.